高校体育教育与管理的理论及实践探索

卢茂春　著

SPM 南方传媒 | 广东人民出版社
·广州·

图书在版编目（CIP）数据

高校体育教育与管理的理论及实践探索 / 卢茂春著 .
— 广州 ： 广东人民出版社， 2022.12
ISBN 978-7-218-16111-2

Ⅰ. ①高… Ⅱ. ①卢… Ⅲ. ①体育教学－教学研究－
高等学校 Ⅳ. ① G807.4

中国版本图书馆 CIP 数据核字（2022）第 184762 号

GAOXIAO TIYU JIAOYU YU GUANLI DE LILUN JI SHIJIAN TANSUO
高校体育教育与管理的理论及实践探索
卢茂春 著

出 版 人： 肖风华

责任编辑： 马妮璐
责任技编： 吴彦斌 周星奎
装帧设计： 马静静

出版发行： 广东人民出版社
地　　址： 广州市大沙头四马路 10 号（邮政编码：510102）
电　　话：（020）85716809（总编室）
传　　真：（020）85716872
网　　址： http://www.gdpph.com
印　　刷： 北京亚吉飞数码科技有限公司
开　　本： 710mm×1000mm 1/16
印　　张： 13　　**字　　数：** 206 千
版　　次： 2023 年 4 月第 1 版
印　　次： 2023 年 4 月第 1 次印刷
定　　价： 75.00 元

售书热线：020-87716172

preface

前 言

高校体育是构成现代体育不可缺少的一部分,而体育教育又是高校体育的中心环节,体育教育质量好坏将直接影响高等人才的培养质量。随着我国高校体育教育改革的深入,高校体育教育正走向多元化发展的轨道。加之国内外各种体育教育新观点、新理论的运用,使我国高校体育教育呈现出良好的发展局面。但我国高校体育教育也存在一些不足之处,如教育理念陈旧、教育方法落后、教育管理不全面等,从而严重影响了我国高校体育教育的改革进程与发展水平。为适应现代高校体育教育发展、改革的要求,必须建立起相应的高校体育教育理论体系和教育方法体系,并促使高校体育教育管理从低级走向高级,由封闭走向开放,由单一走向多元,由局部走向整体,使高校体育教育管理成效取得重大突破。基于此,作者在查阅大量相关著作文献的基础上,精心撰写了本书。

本书共有八章,第一章阐述体育教育的基本理论与发展概况,分析高校体育教育的改革与发展现状,以了解体育教育的基本知识、来龙去脉以及高校体育教育的发展情况。第二章阐述高校体育教育理念,为高校体育教育及管理的发展明确指导思想。第三章研究高校体育教育教学过程中各要素的设计与发展,从而优化体育教学过程,提升体育教学效果。第四章分析高校体育教育管理理论与方法,为高校体育教育管理提供理论指导与方法参考。第五章研究高校体育教学课程建设与管理,体育教学课程建设是高校体育教育的核心部分,科学建设体育教学课程,加强课程管理,对提升高校体育教学水平具有重要意义。第六章至第八章分别对高校体育课堂教学与课余训练管理、体育教学主体管理以及体育教学资源管理展开研究,旨在加强对高校体育教育的全面管理,提升综合管理水平和效果。

总体而言,本书具有以下几个特点。

第一,系统性。本书主要研究高校体育教育与高校体育教育管理。首先分析高校体育教育的基本理论、基本教育理念和教育教学过程,其次探讨高校体育教育管理的理论、方法及多方面的管理实践,总体来看,本书结构完整、内容丰富、层次清晰、具有较强的系统性。

第二,学术性与实效性。本研究从理论与实践出发全面审视我国高校体育教育及其管理,对高校体育教育教学和高校体育教育管理进行了丰富又深入的研究,为我国高校体育教育教学的持续发展及高校体育教育管理工作的开展提供了极为重要的指导。研究过程中注重理论联系实际,既有前瞻性的理论探讨,又有操作性的研究,具有很强的学术性、实效性。

第三,创新性。颇具时代性的现代信息技术对高校体育教育产生了重要影响,本书在高校体育教学课程建设与管理中探讨了高校体育教学课程与现代教育技术的融合,倡导在高校体育教育教学中采用现代教育技术,有效解决体育教育教学中的一些难题,提升体育教学水平。这一研究具有重要时代意义和创新价值。

总之,本书主要对高校体育教育及其管理展开研究,对高校体育教育和高校体育教育管理的研究都主要从理论与实践两方面展开,内容丰富,研究全面,希望本书能够为继续完善我国高校体育教育理论、促进高校体育教育实践的发展以及提升高校体育教育管理水平作出贡献。

本书在撰写过程中参考并借鉴了很多专家、学者的研究成果,在此表示诚挚的感谢。由于作者水平有限,书中难免有不妥与疏漏之处,敬请广大读者批评指正。

作　者

2022 年 4 月

CONTENTS

目　录

第一章 体育教育理论及其发展概述

体育教育是一种常见的教育形式，是推动体育发展和教育发展的重要手段。体育教育具有鲜明的特征和丰富的功能，在提升全民健康水平、综合素质方面具有举足轻重的作用。在我国大力倡导素质教育的今天，体育教育以其重要的功效受到教育部门的高度重视，学校体育教育迎来了良好的发展机遇，体育课也成为深受学生喜爱的课程。本章主要对体育教育的基本理论与发展情况进行阐述与分析，包括体育教育的概念、目的、功能、产生与发展以及高校体育教育改革发展现状。

第一节　体育教育的概念解析

一、体育

“体育”这个词具有典型的西方色彩，我国传统体育有独具中华民族特色的叫法，如养生术、武术等，早期并没有将它们称作“体育”。“体育”一词是19世纪末从日本引进的，但体育概念并非源于日本，而是源于西方。我国对西方体育概念的认识主要源于西方的“兵操”。

体育的概念有两个层面，一个是广义层面的体育，另一个是狭义层面的体育。

（一）广义的体育概念

广义层面的体育是文化的一部分，指的是包含体育教育、身体锻炼、竞技体育等在内的体育运动，这是一个具有层次性、完整性的概念体系。

1. 体育教育

主要是学校体育教育，即由学校开展的各种类型的体育活动。

2. 身体锻炼

主要指人们在闲暇时间进行的身体活动，目的是增强体质、娱乐放松。

3. 竞技体育

运动员以比赛竞争为基本手段，以满足人们审美、享受、刺激等需要的社会实践。

（二）狭义的体育概念

狭义层面的体育主要是指体育教育。可见狭义的体育概念包含在广义体育概念的范畴中。

文化是体育的上位概念，体育中包含文娱活动、教育活动、身体锻炼活动等，完整的体育概念体系如图 1–1 所示，该图也反映了体育与文化、教育、娱乐的关系。

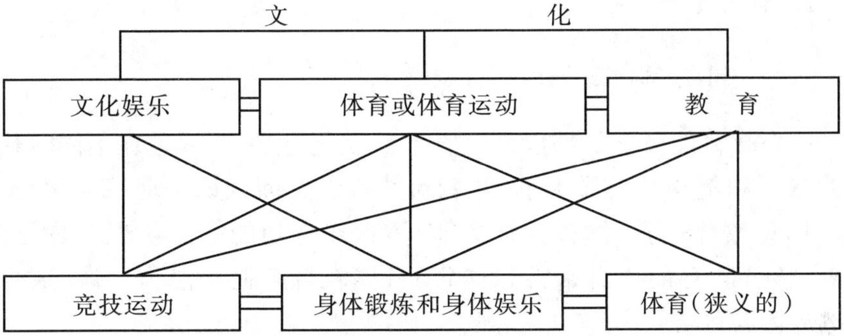

图 1–1　体育概念体系及其与文化、教育、娱乐的关系[①]

结合对广义体育概念和狭义体育概念的认识，我们可以将体育的概念界定如下：

体育是一种以身体练习为基本手段，以增强体质、娱乐放松、培养运动能力、促进身心全面发展及社会和谐进步为目的的教育过程或社会文化现象。[②]

二、教育

教育一般指的是专门组织的培养人的活动，是对适应社会发展和符合社会需求的人进行培养的复杂活动。培养人是教育的本质特征，通过这一特征，可以从根本上将教育与其他社会活动、事物现象区别开来。完整的教育活动包括教育者、教育对象和教育措施三个基本要素。

教育的概念为：根据社会现实和社会需要，遵循受教育者的认知规律和身心发展规律，有目的、有组织、有计划地引导受教育者获得知识与技能，发展体力与智力，陶冶思想品德的一种活动。[③] 教育的目的是培养适应社会变化发展的人和能够为促进社会发展作出贡献的人。

① 张松奎．体育教育学[M]．徐州：中国矿业大学出版社，2013.
② 同上．
③ 吴峰山．体育教育学[M]．太原：山西人民出版社，2008.

教育具有计划性、组织性、目的性，需要精心筹划与设计，教育的构成、程序是比较固定的。普通教育学和体育教育学所研究的教育都是狭义的教育，这是二者的相同之处。

三、体育教育

（一）关于体育教育概念的主要观点

体育教育的概念长期以来一直不断变化，主要原因是在不同时代发展背景下和不同社会需求下，学者对体育教育的认识是动态变化的，包括对体育教育性质、体育教育特征、体育教育功能等的认识都是如此。此外，体育教育的概念常常与体育、身体教育等概念混为一谈，缺少明确的界限与区分。

学界关于体育教育概念的界定五花八门，从常用体育教材来看，主要观点有以下几种：

（1）体育教育指的是以增强体质、发展身体活动能力为主要任务的身体教育。

（2）体育教育是重点对体育知识、技巧与技能加以传授与传播的育人活动。

（3）体育教育是以学生为中心开展的有目标、有组织、有计划的身体教育活动和体育活动，主要任务是指导学生科学掌握体育知识与技能，科学锻炼，以增强学生体质水平，提高学生思想道德素质，最终促进学生全面健康发展。

（4）体育教育是以身体活动为主要内容的系统的教育过程，通过指导学生进行身体活动，将身体锻炼的知识与技能传授给学生，从而增强其体质，培养其道德，锻炼其意志。

（5）体育教育是随着人类社会的演进与发展而产生的一种具有目的性、意识性的社会活动与身体活动。在体育教育活动中，以社会生产生活需要为依据，以人体发育规律为参考，以身体活动为主要内容，以促进身心健康、提升基本活动能力、推动人体全面发展、加强社会主义精神文明建设以及促进社会和谐等为主要目的。

（二）体育教育与狭义体育、身体教育的关系

“体育教育”和“体育”“身体教育”虽然概念表达上有所不同，但内

涵相同，表现如下：

第一，它们都是全面教育和学校教育的重要组成部分。

第二，它们都是系统的教育过程，具有目的性、计划性和组织性。

第三，它们都具有增强体质、提高运动能力、培养道德品质和促进全面发展的重要功能。

基于体育教育、狭义的体育和身体教育的共同内涵，可以认为狭义的体育、身体教育是体育教育的同义词。

(三)体育教育的概念界定

体育教育是全面发展教育的组成部分，它是以身体练习为基本手段，不断掌握身体锻炼的知识、技术与技能，为增强体质，促进人的身心全面发展而进行的一种有意识、有目的的教育过程。①

第二节　体育教育的目的与功能

一、体育教育的目的

(一)体育教育目的的描述

通过开展体育教育活动而要达到的结果就是体育教育目的，也就是说完成体育教育任务之后，最终获得的结果就是体育教育目的。体育教育对社会发展、人的发展有重要影响，这主要得益于体育教育的性质和功能，而通过体育教育目的便能综合反映出体育教育对人与社会的影响。体育教育的发展方向一定程度上是由体育教育的目的所规定的，一旦将体育教育目的确定下来，在没有特殊原因的情况下是不能随意更改的。

我国体育教育的目的是，促进学生顺利成长和健康发育，增强学生体质，提升学生健康水平，通过与其他教育相配合而使学生具备良好的道德修养和顽强的意志品质，使其成为全面发展的社会主义接班人。

① 陈洁，宋文利．体育教育学[M].北京：北京师范大学出版社，2012.

(二)体育教育目的与体育教育目标的区别

1. 目的与目标的区别

体育教育的目的和体育教育的目标是不同的。目的与目标本身就是两个不同的概念。通常,目的具有抽象性,而目标是具体化的;目的是关于某项活动的宗旨或方针,具有普遍性、统一性和终极性,而目标是关于某项活动的具体要求,具有特殊性、个别性和阶段性。

要达到某一行为活动的目的,就要完成许多具体的行为活动,先逐步实现每个行动活动的具体目标,最终实现宏观行为活动的目的。各个具体目标中都贯穿着目的的内涵与精神。

2. 体育教育目的与体育教育目标的不同

下面具体分析体育教育目的与体育教育目标的主要不同之处。

(1)区别一

体育教育目的指的是最终性的结果,是通过各个阶段和各种类型的体育教育活动而达到的终极结果,具有明显的长效性和突出的长远性,在任何体育教育阶段都适用。

体育教育目标指的是阶段性的结果,是对学生在某一阶段学习行为的结果的预期,它不会终止,当某一阶段的学习行为结果达到期望的目标后,就会在此基础上对下一阶段学习行为的目标进行重新设置,后面阶段的教学目标的要求往往比前面学习阶段更高,重新设置的教学目标对学生今后的学习行为具有导向作用。

(2)区别二

体育教育目的反映的是体育教育要实现什么样或什么程度的终极价值,要使教育对象在体育教育活动结束后发生哪些本质上的变化,而这往往是没有明确指向性的。

体育教育目标反映了特定的价值取向,引导师生具体该怎么做,做到何种程度,这是有具体方向性和标准性的。

(3)区别三

体育教育目的高度概括了通过开展体育教育活动,最终要实现体育教育的什么终极价值和功能,这是具有整体意义和宏观意义的。

在实施体育教育活动前,往往要先设想具体教育阶段的教学效果和学习效果，从而提出具体的有前瞻性的教育目标，该目标对师生的激励作用是非常重要的。

（三）体育教育目的与体育教育目标的协调统一

上面分析了体育教育目的与体育教育目标的区别和差异，虽然二者有本质上的不同，但不能因此而忽略它们之间的密切关系，即协调性和统一性。下面简单分析二者的协调统一关系。

和体育教育目标相比，体育教育目的具有明显的稳定性，当确定体育教育目的后，正常情况下不会随意对其做出更改。稳定的体育教育目的为体育教育目标的设置提供了重要依据和导向，但体育教育目标是灵活的、变化的，如对不同教育对象的教育目标不同，在不同教育环境下的教育目标不同等。体育教育目的的核心要求始终渗透于体育教育目标中，体现在为实现体育教育目标而开展的所有教育活动中。

体育教育目标是以体育教育目的为归属的，体育教育目标渗透着体育教育目的的思想与要求，体育教育目的经过分解而在教育目标中内化，使体育教育目标与之保持协调一致，从而通过体育教育目的与体育教育目标共同发挥作用，对体育教育过程进行不同角度的主导与调控，通过开展不同类型与各种形式的体育教育实践活动而逐步实现体育教育目标，最终实现体育教育目的。

二、体育教育的本质功能

体育教育的本质功能是健身功能，主要体现在以下几方面。

（一）提高大脑工作能力

大脑是人体的最高指挥部，大脑发出指令，指挥人体的一切活动。大脑在人的体重中仅占2%，但是人体心脏总流出血量中有20%要供应给大脑。

体育活动可以改善大脑供血、供氧情况，可以提高大脑皮层的兴奋性；加深抑制，集中兴奋和抑制机制，使神经过程更均衡、灵活，使人体在受到体外刺激时迅速、准确地做出反应，从而提升大脑的分析综合能力，提高有机体的整体工作能力。

（二）促进生长发育

骨骼是人体的主要支架，人体骨骼生长发育直接影响身体形态的变化与发展，并影响人体内脏器官的发育。此外，人的劳动能力、运动能力都与骨骼有直接的关系。肌肉是人体运动的基本条件，肌肉参与工作是人体完成所有运动的基本手段。

（三）提高人体功能

体育活动可以增加人体能量消耗，增加代谢产物，促进新陈代谢和血液循环。

（四）调节人的心理

体育活动可以使人保持愉快的心情，拥有充沛的精神，能调节人的不良情绪和思想状态。

（五）提高人体的适应能力

体育活动可以增强身体免疫力，提高人体抗病能力，此外还能够不断提高人体在现代生活中的适应能力。

总之，体育教育在促进人体生长发育，端正身体姿态，改善器官系统功能，提升身体素质、运动能力、社会适应能力以及消除不良精神反应等方面发挥着不可替代的重要作用。

三、体育教育的基本功能

随着社会的进步、发展，人们对体育教育功能的认识越来越深刻，并且不断致力于开发体育新功能。体育教育有很多功能，除健身功能外，其他功能都统称为一般功能，具体表现如下。

（一）教养功能

教养指的是使受教育者掌握一定的科学概念和规律，并具备一定的实践能力。体育教育的教养作用主要体现在体育教育能够使学生对科学的体育知识形成正确认识，基本掌握体育运动的技能。

（二）教育功能

体育活动中，学生按一定目的形成特定的个性品质，这就是教育。学校体育教育的教育功能主要体现在通过体育活动培养学生的思想道德和意志品质。学生在体育学习中必须不断克服困难，承受一定的生理和心理负荷，从而顺利完成技术动作，这有利于磨炼学生意志。

（三）促进学生个性全面发展功能

从社会学角度来看，人在社会中扮演的独特角色和具有的独特地位都属于个性的范畴。从教育学角度来看，个体独特的身心结构及其表现就是所谓的个性，这个概念丰富了个性的内涵。概括而言，个性指的是个体在社会关系系统中形成的生理特征、心理特征和社会特征，以独特方式有机结合而使个体具有的独特社会性。①

现代社会发展呈现出科技化、人文化、国际化、多样化等多元化特色和趋势，再加上改革开放、市场经济等中国特色的融入，社会发展可谓千变万化。社会发展要求人类个性鲜明，能够以自己独特的个性适应社会、创造新社会，为人类健康、和谐而努力。良好、积极的个性需要后天不断引导、塑造和培养才能实现，体育教育在培养人的个性方面发挥着重要作用。

（四）促进个体社会化功能

个体社会化是指个体在特定社会关系中学习必要的生活技能、行为规范和价值体系，以提高自身社会适应性的过程，体育教育可以加速人的社会化进程。

第三节　体育教育的产生与发展概况

一、体育教育的萌芽

体育教育是人类文明历史发展的产物，是人类文明的重要组成部分

① 程辉．体育新课程背景下学校体育理论研究［M］．北京：科学出版社，2016.

之一，它的产生与发展是一个长期的、循序渐进的过程。历史上关于体育文化的起源有很多说法，体育教育作为体育文化的一部分，关于其起源的说法也不在少数。通过古籍文献、学术研究可知，有关体育教育起源于劳动、战争、宗教、游戏等的记载比较多。在原始体育、体育文化及体育教育的产生与发展过程中，人类实践中的劳动、战争、宗教、游戏等多样性的活动均发挥了重要作用，其中起决定作用的是人类物质生产活动——劳动。

人类在劳动过程中产生了对动作技能加以传授的基本需要，在传授动作技能的活动中，体育教育开始萌芽，而且人类在劳动过程中也逐渐形成了一定的自觉意识，自觉意识的产生促进了人类自觉性、能动性的活动的产生，这是从人类的本能活动过渡而来的，本能活动源于人的身心发展的本能需要，能动性活动源于人的自觉意识。

人类劳动的演进促进了社会的进步与发展，其他活动如宗教、巫术、战争、冲突等的产生和劳动密不可分，它们产生于人类劳动发展到一定阶段之后。总之，原始社会环境复杂多变，在复杂的历史环境中逐渐孕育了原始的体育教育。

原始教育产生之时，因为受到当时社会环境的影响，因此将培养青少年成为合格的成年人作为教育的目的。在落后的社会生产生活条件下，原始教育没有专门的机构（如学校），也没有专门的教育工作者（如教师），所以当时不存在学校体育教育，国内外都是如此。之后随着人类社会劳动生产水平的不断提高以及人类社会生活方式的不断改进，体育教育才逐渐发展和成熟起来。

体育教育是教育的重要组成部分之一，劳动技能教育同样也是教育的一部分，不能将二者混为一谈。原始社会体育教育产生的过程并不是长辈将劳动生产技能和生活经验技能等传授给年轻一代这么简单。尽管劳动技能教育在体育教育的产生与发展中发挥了举足轻重的作用，但不能简单地将劳动技能教育称作体育教育，体育和劳动毕竟是两个概念。体育和劳动虽然有相同之处，即都以身体活动为主要内容，但二者依然存在本质上的区别，这主要体现在二者的目的上，劳动技能教育是以获取物质财富为直接目的的，而体育教育是以强身健体、全面发展为主要目的的。我们主要通过目的来区分体育教育和劳动技能教育。

总之，体育教育起源于原始人的生存活动尤其是生产劳动中，体育教育萌芽期的主要内容是向青少年传授成为合格成年人所必须具备的技能，通过学习与训练而使青少年顺利通过成人接纳仪式，但具体教育内容、教育形式则因地域不同、历史背景不同而有所差异，如有的地方注重培养青少年的体能素质，有的则注重通过身体训练使教育对象有良好的精神面貌。

二、我国古代体育教育的发展

我国古代学校从奴隶社会就开始出现。公元前21世纪左右，我国出现了第一个奴隶制王朝——夏，经过商、西周和春秋时期，逐渐向封建社会过渡，与此同时，我国古代体育的雏形逐步形成。随着生产活动和社会分工的发展，以及频繁的战争、学校的产生以及宗法制度的形成，使原始社会融多种功能于一体的体育开始分化为军队身体技能训练、学校体育教育、民间游戏娱乐以及卫生保健等不同的形式。

下面分析历代我国体育教育的发展情况。

（一）夏至春秋时期

据古籍记载，夏代已有称为“校”“序”“庠”等不同名称的学校。有人认为，夏代的“校”已经发展成一种较为完备的军体性教育机构。

商代已出现“大学”和“庠”两级施教的学校教育。

西周时，学校形成了较为完备的教学系统。学校分为“国学”和“乡校”两种，教授六艺——“礼、乐、射、御、书、数”，其中“射”“御”两艺和“乐”的一部分属于体育教育的范畴。“射”主要是学习射箭技术；“御”主要是学习驾驶车马的技术；而乐舞的学习以队列步法练习、身体锻炼等内容为主。①

在奴隶制学校教育中，学校是为奴隶主贵族子弟设立的，礼乐和军事是主要教育内容，目的是把贵族子弟培养成为具有政治道德和军事技能的统治者接班人。

（二）战国至秦汉三国时期

战国至秦汉三国时期是我国封建制逐渐形成并迅速发展的时期，生产关系的改变促进了社会经济的发展，这为社会文化的发展创造了条

① 陈洁，宋文利．体育教育学[M]．北京：北京师范大学出版社，2012．

件。这个时期的体育在思想认识、活动内容上都有较大发展，初步奠定了古代体育发展的基础。

儒家教育思想中的礼、乐、射、御等都是有关体育的内容。继秦始皇焚书坑儒后，经过近百年的徘徊，汉武帝采纳了董仲舒“罢黜百家，独尊儒术”的建议，确立了儒家思想的正统地位，开创了“重文轻武”的先河，重视休闲娱乐活动的教育功能。儒家认为立家治国之本是维护等级名分制度，导致学校体育停滞不前。

（三）西晋南北朝至隋唐五代

西晋、南北朝、隋唐至五代，我国封建制度继续完善，封建文化高度繁荣，体育教育的发展也进入前所未有的繁荣阶段，这一时期的体育教育随着社会政治、经济的发展而空前发展，运动项目不断丰富，体育活动方式更加多元，体育教育所呈现出的活力是之前从未有过的。

传统儒家思想的“礼乐观”因为受到魏晋玄学观念的影响，再加上北方少数民族冲击重文轻武思想，因而受到严重打击，这为唐代体育教育的复兴及蓬勃发展奠定了基础。唐朝武则天开创了对整个社会习武产生深远影响的“武科举”，使社会上形成了尚武风气，并因此而促进了军事体育的发展。唐朝体育的复兴与蓬勃发展也与当时朝廷吏部用人标准的变化以及社会审美观（体貌丰伟）的变化有很大的关系。唐朝时期，武术盛行，民间习武氛围浓厚，促进了武术的普及与发展。

隋唐时期，国家传统节令活动在当时繁荣昌盛的社会背景下基本形成，节令民俗活动逐渐成为休闲体育活动的代表，休闲体育在这一时期呈现出繁荣发展的态势。

（四）北宋至清末

我国古代体育教育从北宋到清末进入非常重要的演进与发展阶段。这一时期社会文化呈现出宋明理学和市民文化并存的特征，这一文化现状导致当时的体育教育与之前的发展轨迹发生偏离。宋明理学高度推崇与强调重文轻武思想，在很大程度上摧残了统治阶级的“八股”取士制度，导致我国古代体育的发展受到严重制约。

宋明时期，在宋明理学的影响力减弱后，军事体育不再像之前那样受到严重冲击，军事训练、教育开始复兴，宋代还设置了“武学”这一专门的军事学校。宋以后，武术运动的发展逐渐自成体系，按自身的规律循序渐进地发展，不管是武术理论还是武术实践，发展成果都令人欣慰。

宋明以后，体育发展呈现出舞台化、表演化、娱乐化的倾向，而且有戏剧艺术元素融入其中，因此当时只有在全国的节令活动以及民间民俗活动中才能开展传统体育活动，传统体育对民间民俗的依附性较强，封建体系束缚着传统体育的发展，使得传统体育的运行轨道和发展趋势无法发生根本性的转折。

宋、元、明、清时期，民间非常重视通过运动手段来达到保健和康复的目的，比较流行的保健手段有养生术、炼养术、导引术。八段锦、易筋经作为导引术的重要内容，在这一时期逐渐流行。

儒家思想在整个封建社会长期占据主导地位，这一主导思想影响了统治者的用人标准和对人才质量的评判标准，因而也对体育的发展造成了抑制与阻碍。在畸形用人制度下培养的人才不可避免也是“畸形”的，封建社会体育得不到正常发展的根本原因就在于传统文化对教育功能非理性的过分重视与强调。

综上分析，我国封建社会历史悠久，封建社会造就的传统体育、体育教育都具有鲜明的封建特色，这与封建社会的经济方式（农业经济）、政治制度（中央集权制）以及思想文化（儒家文化）有着必然的因果关系。中国传统文化背景下，强调个人对集体的依附，强调二者的隶属关系，这不是个人可以自由选择的。所以，尽管我国古代体育教育起步早，但在漫长的封建社会中因为政治、经济、文化等各方面的影响而无法成为学校教育中的重要内容之一，其不仅在学校教育中的地位低下，甚至有时学校教育中容不下体育，被排除在外，导致古代体育教育的发展整体上不容乐观。

三、我国近代体育教育的发展

我国近代体育教育的发展主要体现在两方面，一是我国古代体育教育的延续与发展，二是从西方国家传入我国的体育的发展。我国体育在古代时期一度空前繁荣，但从清朝开始，我国体育的发展与欧洲体育的差距十分明显，之后差距越来越大，这与当时的社会政治、经济以及文化思想的影响有关。鸦片战争以后，我国开始向西方的现代体育学习，中国体育开启了近代化发展历程。我国开始引进西方体育后，中国传统体育与西方现代体育进入冲突与融合并存的状态，经过长期的适应与碰撞，我国近代体育才逐渐进入稳定发展阶段。

鸦片战争后，为了救亡图存，清政府洋务派掀起了洋务运动。洋务派在教育方面主张向西方学习，兴办西学，把西方体育引进学堂，规定体操（瑞士体操、德国体操、日本体操以及兵式体操等）为主要教育内容。同时，学堂开展的课外体育活动也以西方近代体育为主。

近代史上著名的爱国运动——“五四”运动也是反封建思想的文化运动，这场运动的爆发推动了中国近代体育的变革，我国学者对中国体育展开体育研究，面向全社会呼吁与宣传体育运动，在有关人士的努力下，学校体育教育的发展进入新的阶段。1917 年，毛泽东同志在当时非常具有影响力的革命杂志——《新青年》上发表了一篇关于体育理论的文章，即《体育之研究》，文中强调学校教育必须重视体育、德育和智育，这对近代中国学校体育教育的发展具有重要启示意义。

四、我国现代体育教育的发展

中华人民共和国成立后，党和政府高度重视体育的健康功能、经济功能、国防功能以及外交功能，倡导体育应服务于国家经济建设、外交发展、国防建设以及社会健康，为社会主义物质文明与精神文明建设而服务，体育事业的发展被赋予新的历史意义和时代意义，中国现代体育始终坚持社会主义发展方向，历经曲折但依然百折不挠，突破层层屏障与困境后取得了良好的发展成就。

党和政府从中国人民共和国成立以来就对学校体育工作高度重视，对青少年学生的体质健康非常关心。全民体育要以学校体育为基础，要充分发挥学校体育在增强青少年体质、促进青少年健康以及培养全面发展的社会主义接班人等方面的功能价值。党和政府为推动学校体育教育工作的顺利开展，陆续制定了一系列有关法规、政策等，并为学校体育教育提供了明确的指导思想和教育方针，为推动学校体育教育的发展提供了良好的保障。学校体育教育在党和政府的关心下，在相关部门的不懈努力下，在无数体育专业人士和教育专业人士的积极参与下，最终取得了令人瞩目的成绩，如青少年学生的体质健康稳步改善；为全民健身的进一步发展和健康中国建设奠定了基础；培养了优秀的体育后备人才；等等。总之，我国现代体育教育的发展成果是有目共睹的。

然而,我国现代体育教育的发展也存在诸多问题,因为传统教育观念的影响,有些地方一直都没有正视体育教育在学校教育中的地位,对体育教育的重视程度远远不及对文化学科的重视。当前,我国学校体育教育中普遍存在的问题有体育场地设施条件落后、体育师资队伍专业水平不高、体育教育管理不规范以及体育教育科研落后等,只有全力解决这些问题,才能使我国现代体育教育的发展取得新的突破。

第四节　高校体育教育的改革与发展现状

一、高校体育教育改革与发展中存在的问题

我国高校体育教育经过漫长的发展取得了良好的成绩,培养了大批优秀的体育人才和综合人才,但同时也存在诸多问题,制约了高校体育教育改革与发展的步伐。下面具体分析当前我国高校体育教育改革与发展中存在的主要问题。

(一)场地器材缺乏

不管是开展体育教学活动,还是开展课外体育活动,体育场馆设施都是必不可少的基础条件。我国高等院校体育场地设施的规模、规格等和中小学相比达到了较高的水平,但因为受国家经济条件和教育投入的影响,再加上高校不断扩大招生规模,大量的在校生与较少的体育场地器材构成了明显的矛盾,导致高校体育教育基础设施环境建设面临着剧烈的挑战。高校体育场地设施缺乏也与有关部门思想上不重视体育教育有关,当前高校体育教育基础设施条件与新形势下高校体育教育改革要求和趋势严重不符,无法满足高校体育教育的发展需要。

具体来说,高校体育基础设施主要存在下列几个方面的问题。

第一,体育场馆和器材设备数量少,有些体育项目的器材设施严重短缺,制约了体育教育的开展。

第二,高校现有的体育场馆、器材大都是与高校开展的热门体育项目对应的,如田径、篮球、健美操等,而其他体育项目对应的场馆设施则较少,如游泳馆、足球场等。高校体育场地设施配置的单一性使得很多

学生的运动需求得不到满足。

第三,高校体育场馆器材大都比较陈旧,存在严重的老化现象和破损问题,影响了正常使用。

(二)教育模式落后

高校体育教育模式以传统的程序化模式为主,其特点是以教师为中心,体育教师严格控制教学过程,忽视学生的自主性和能动性,使得学生的学习积极性受到严重影响。在体育教学中,体育教师过分强调高负荷强度的训练,没有将素质教育理念融入体育教育中,忽视了对学生积极主动性和学习兴趣的培养,重智育和传授知识与技能,轻视对情感态度和综合能力的培养。这表明应试教育观念根深蒂固,素质教育、全面教育、创新教育等现代教育理念还需要很长的时间才能被完全认可并付诸实践。

传统教学观念影响下形成的体育教育模式的落后性表现如下。

1. 教育目标

面向大多数学生的体育教育目标缺乏长远性,面向少数体育后备人才的教育目标虽然有长远性,但教育目标过分强调运动技能目标,忽视了智育目标、素质教育目标、身心全面发展目标等,导致体育教育的本质功能无法得到充分发挥。

2. 教育内容

高校体育教育内容的主要问题在于与中学体育教育内容衔接不当,弹性不足,内容单一,不够丰富多元,缺乏创新,对学生的个性化发展和全面发展不利。

3. 教育方法

高校体育教育方法比较单一、陈旧,存在模式化、机械化问题,而且教师在实施教学方法时重灌输、轻指导,对学生的自主能动性和创造性造成了影响。

4. 教育评价

高校体育教育评价方法比较单一,主要采用终结性评价法、技术评价法，对过程性评价、情感态度评价以及个性化评价不够重视，而且一味强调不同学生之间的横向对比评价，忽视了对学生的纵向对比评价，从而忽视了学生的进步和变化，不利于调动学生的学习积极性。

（三）理论教学薄弱

体育理论教学是高校体育教育的重要组成部分之一，其对体育实践教学具有重要指导意义。通过开展体育理论教学，能够使学生对体育基础理论、基本知识、健康常识、运动保健知识等有基本的了解，并能使学生利用理论知识去指导运动实践。

高校大学生处于青年期，身心发展都已成熟，他们正处于接受高等教育、学习高深知识、寻求个性化发展和实现社会化的关键阶段，但这个时期的大学生也常常忽视运动健身，忽视身心健康与协调发展，从而导致体质水平下降。对此，开展体育理论课教学很有必要，通过理论教学，能够培养大学生的体育知识素养、正确的体育观念和良好的体育态度，使大学生树立终身体育观念，自觉参与体育锻炼。

当前我国很多大学生的体育意识比较薄弱，掌握的体育理论知识不够丰富，体育运动观念也不够科学、准确、先进，从而导致其运动锻炼的积极性不高，运动锻炼效果不佳，体质健康水平下降，并影响了其他素质的协调发展。造成这种现象的原因之一是高校理论课时少，理论课教材陈旧，教学内容的针对性不强，缺乏具有长期性和终身性的教学内容，理论教学内容体系有待完善。

（四）管理水平低下

高校体育工作管理是一个庞大而复杂的系统工程，是高校教育管理系统的重要组成部分之一。当前，我国高校体育教育管理薄弱，管理模式落后，存在诸多问题，与高校管理改革的时代要求不符。管理体系的落后导致体育教育管理的功能得不到充分发挥，体育教育工作得不到很好的监管，使得体育教育出现秩序不规范、质量下降等严峻的问题。

高校体育教育管理水平低下具体表现为管理制度的缺失和不完善，如缺乏良好的激励机制、教育评价机制、教师培养制度等，缺乏科学有效的管理措施，对体育教育中涉及的物质资源、人力资源以及财力资源缺乏全面的管理和有效的配置。

（五）师资建设缓慢

高校体育教师是高校体育课程教学的组织实施者，是体育教育改革的探索者，也是体育教育的研究者。随着高校体育教育的现代化改革与发展，对高校体育教师的专业素质、教学能力提出了较高的要求，但目前我国高校体育教师专业化建设进程缓慢，师资队伍整体水平不高，具体存在以下几个主要问题。

1. 教师数量不足

高校体育教师数量不足是高校体育师资建设缓慢的主要表现之一。近年来，高校不断扩大招生规模，从而培养高素质人才，增加优秀人才储备量，推进人才强国战略，促进我国综合国力的提升。在校大学生的数量与在职教师的数量应保持合适的配比，招生规模扩大后，也要相应增加教师的数量，跟上“扩招”的步伐。但目前高校体育教师的培养速度显然落后于扩招的速度，师生比例严重失调，现有体育教师工作负荷不断增加，最终教学质量令人堪忧。

2. 高学历水平与高级职称的教师比例偏低

我国高校在职体育教师的结构不够合理，主要表现在学历结构和职称结构上，具体问题表现为高学历教师和高职称教师在体育师资队伍中所占比例较少，体育教师的学历水平和职称级别水平整体比其他学科教师队伍低。高校体育教师队伍学历水平偏低、职称级别整体不高、结构不合理的现状制约了高校体育教育的深入改革与进一步发展，也不利于培养优秀的高校体育创新人才。

3. 教师专业素养不高

我国高校体育教师大都毕业于体育教育专业，体育教育专业在培养教育人才方面存在重技术、轻理论的弊端，而且在育人方面忽视了将自然科学知识教育与社会科学知识教育融合起来，结果导致体育教育专业学生毕业后走向体育教师岗位后因专业素养较低、综合素质欠缺而无法适应社会发展与教育改革的需求。

（六）学生身体素质不高

大学生是高校体育教育的重要主体，高校体育教育的水平和质量直接反映于学生的体育观念、体育意识、体育锻炼情况以及身心素质等方面。调查了解到，很多大学生的体育意识薄弱，体育观念落后，没有养成良好的体育锻炼习惯，课余时间参加体育活动的学生以男生居多，女生较少，大学生掌握的健身锻炼方法较少，运动能力较差，运动保健技能水平不高，最终导致身体素质较差，体质健康状况不理想。大学生体育观念落后、体育锻炼行为习惯不佳以及身体素质水平不高与高校体育教育内容单调、体育教育方法落后有直接的关系。

（七）教育技术落后

现代教育技术的兴起与发展及其在高校教育中的不断渗透与广泛应用促进了高校教育水平的提高，对高校各学科教学都有积极的促进作用。但现代教育技术在高校体育教育中的应用相对其他学科教育是比较少的，这与高校体育教育观念落后、体育教育实践课在室外这一特殊环境下进行直接相关。教育技术落后限制了高校体育教育的改革与发展，这个问题具体从以下几方面体现出来。

第一，体育实践课的实施场地是室外运动场，现代教育技术需要在固定的地点才能有效实施，这就制约了现代教育技术在体育实践课上的应用，使现代教育技术无法服务于体育课。

第二，不同的体育教师在教学观念、教学能力、业务素质等方面各有差异，因此对将现代教育技术运用于体育教育中的态度也不尽相同。有的体育教师对现代教育技术不熟悉，操作能力差，因而在体育教育中放弃了对现代教育技术的运用，最终制约了现代教育技术的普及。

第三，高校现代教育平台缺少专门的体育教学网站，现有的网络教学平台结构功能有待完善。

第四，体育教学中电子教学课件的制作比较难，课件缺乏较强的操作性，因而在体育教育中很少开发通用性的教学软件。

第五，部分体育教师过度依赖计算机教学手段，无论教育内容是否适合运用多媒体课件来传授，均制作多媒体课件进行教学。

第六，体育教师尚未全面了解现代教育技术的内涵，简单地认为现代教育技术就是现代化的教学工具和教学手段，在运用时没有将其与教育过程深入融合,制约了现代教育技术功能价值的发挥。

二、高校体育教育改革与发展面临的挑战

(一)市场经济体制的挑战

教育的发展受经济发展水平的制约,它不能超越经济发展所提供的物质基础,必须与经济发展相适应。经济发展水平和社会生产方式决定了教育的整体状况,经济体制也对教育体制有决定性影响。在计划经济时期,高等教育的管理方式围绕完成计划来确定,高等教育在计划的统一要求下开展,这种运行机制束缚了我国高等教育的发展,缺乏动力与活力。

社会主义市场经济体制确立后,生产力得到解放,经济和社会加速发展,为我国高等教育的发展提供了良好的机遇。我国高等教育真正开始适应市场经济的时间并不久,高等教育与市场经济兼容已经是必然趋势。市场经济对高等体育教育意味着什么?简言之,就是将会面临更加激烈的竞争,竞争不再局限于各高校之间,而是扩大到整个高等教育领域,而且不再局限于国内,已经扩大到国外。因此,包含体育在内的高等教育要面向社会、面向世界、面向未来,要适应社会经济发展,大力提高人才培养质量,不断扩大人才市场份额。

(二)推进素质教育的挑战

随着素质教育理念的不断普及与成熟,高校的素质教育问题也开始引起人们的关注。高等教育要重视培养大学生的创新能力、实践能力和创业精神,提高大学生的人文素养和科学素质,要坚持教育创新,深化教育改革,优化教育结构,合理配置教育资源,提高教育质量和管理水平,全面推进素质教育。全面推进素质教育既是党和国家对高等教育的要求,也是我国高等教育的一个发展趋势。体育教育作为高等教育的重要组成部分之一,也要理所应当地推行体育素质教育。

(三)提高民族素质的挑战

当前,党和国家重视发展体育事业的同时,对体育事业提出了更高的要求,即要使全民族的思想道德素质、科学文化素质和健康素质明显提高,形成比较完善的现代教育体系、科技文化创新体系、全民健身和

医疗卫生体系。这就需要教育、文化、卫生等各个系统协调配合。[①] 高等体育教育是我国体育事业的重要组成部分,居于基础性地位,对提高全民族整体素质有重要价值和意义。

综上所述,高校体育教育在知识经济时代面临着市场经济体制目标建立、推进素质教育、提高全民族素质的挑战,高校体育教育要适应新时代对人才培养的要求,必须深化改革,只有改革才能改善现状,才能培养出适应时代要求和社会发展所需要的高素质人才。

三、高校体育教育改革与发展的策略

(一)建立符合实际的教学模式

不同高校的体育教学条件、大学生的身心素质及运动素质等均有差异,因而不同高校的体育教育方案也是不同的,应严格贯彻因材施教的教育原则。体育活动形式本身就是丰富多样的,丰富多彩的室内外体育活动应融为一体,课内外体育活动应有机联系与结合。高校可以通过优化教学目标、改革教学手段、丰富教学内容、创新教学组织形式等方法来着手体育教育研究和探索,从而建立与学生兴趣相符、能够激发学生学习热情以及能有效提高体育教育水平的体育课程体系,使之与高校体育的整体发展趋势相适应。

(二)合理选用教材

在体育教学中不能忽视合理选用体育教材的重要性和必要性,选用适合的体育教材,有助于积极改善体育理论教学与体育实践教学。不同地区的高校因为各方面因素的影响,开设的体育课程存在一定的类型差异,不同地区高校大学生的身心素质、运动基础、学习能力也存在差距,所以要选用何种体育教材,需要从实际出发进行理性分析,建立科学的多元化的体育教材体系。各高校应结合本区域文化特色大力开发能够突显独特文化特色的优质体育课程,满足学生的多样化。

高校应注重本校体育教材的质量问题,编撰符合教学实际的体育教材,在获得有关部门审核批准的前提下,使用本校撰写的校本教材。

① 王娟.普通高校体育教学改革的理论与实践研究[D].武汉体育学院,2012.

（三）合理安排教学内容

高校应丰富体育教学内容，激发学生对体育课的兴趣，根据不同类型课程的设置来明确安排教学内容，教学时要精讲精练，全面细致，突出重点。高校也可以根据考核内容制订教学计划，选择教学内容，提高学生的体育文化素养和体育学习能力，达到使学生树立终身体育理念的教学目标。

（四）改善师资教学水平

为优化高校教师队伍，高校可引进新的体育教师，为教师队伍注入新的活力，使得教师教学环境变得朝气蓬勃。另外，高校也应不断提高体育教师的专业水平，合理安排教师进修，使其了解新的体育专业知识，拓展知识面，与时俱进。高校应支持体育教师进行教学研究，注重对体育教学、素质教育以及教学发展趋势的研究，将理论研究成果运用到实践教学中，不断提升体育教师的综合能力，最终提高体育教学质量。

（五）加强信息技术与体育教育的整合

以计算机多媒体技术为核心的教育技术对提高教学效率与效益起到重要作用。信息技术与体育教学整合，改变了传统教学模式，在丰富学科知识、创设教学情境、优化学生认知、优化教学结构等方面具有显著作用。因此，应加强信息技术与体育教学的深度整合，充分发挥现代教育技术对提升体育教育质量的重要价值。

（六）完善体育教育管理信息系统

随着计算机技术的飞速发展和互联网的大力推广，开发适合高校体育教育特点的体育教育管理信息系统，能够为高校体育教育运行和管理创造先进的信息网络环境，有利于节约人力资源，提高管理水平，实现体育信息资源共享，实施科学体育管理。

高校体育教育管理信息系统是基于高校体育教育实际情况及体育教育管理需要设计的，其功能模块如图 1-2 所示。

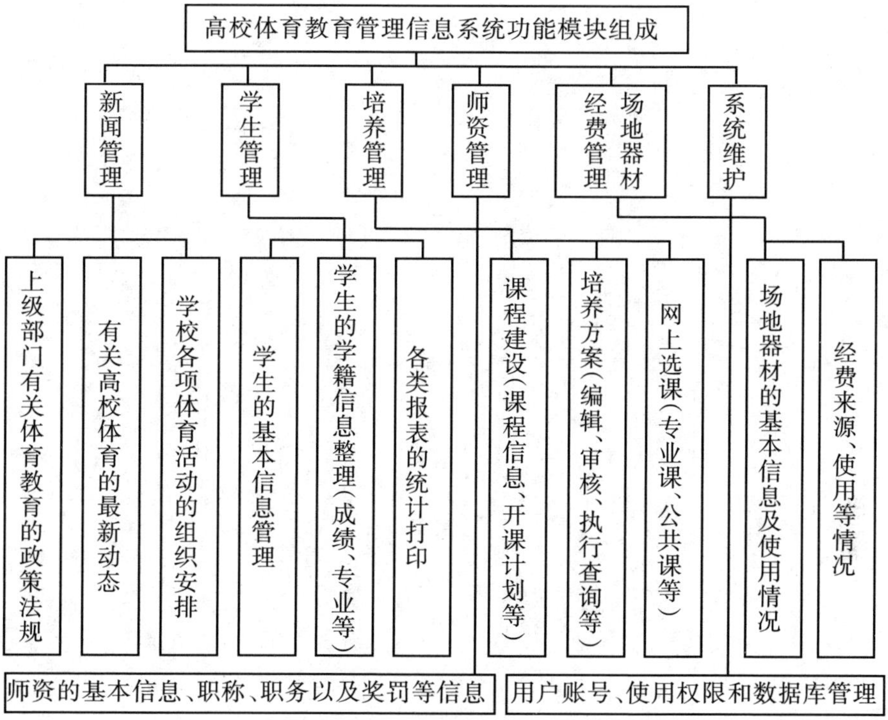

图 1-2　高校体育教育管理信息系统[①]

① 张楠．吉林省普通高校体育教学现状及对策研究[D]．吉林体育学院，2016.

第二章 高校体育教育理念阐述与分析

在整个高校体育教育体系中，教育理念扮演着十分重要的角色，各种教学活动的顺利进行、师生双边关系的建立、教学成绩的进步等都需要以正确的体育教育理念为基础，只有在正确的体育教育理念下，高校体育教育及师生才能获得共同发展。

第一节 “健康第一”教育理念

一、“健康第一”教学理念

（一）“健康第一”理念的起源与演变

1.“健康第一”理念的相关起源

早在中华人民共和国成立初，毛泽东就提出了“健康第一”的说法。这一理念的提出有助于增强我国国民体质，改善青少年的身体素质，促进青少年的体质发展。随后，在《中共中央国务院关于深化教育改革、全面推行素质教育的决定》中曾指出：健康的体魄是青少年为祖国人民服务的基本前提，是中华民族旺盛生命力的体现。“健康第一”是国家在关于推进素质教育不断深化教育改革的决议中明确提出的指导思想。[①]21世纪初，在第八次课改的《课程标准》中提到要坚持“健康第一”的指导思想，促进学生健康成长。

2.从“健康”到“健康第一”的演变

从“健康”到“健康第一”期间主要经历了两个阶段。第一阶段针对学生发病率过高的情况，专指医学上的健康。随着经济的快速发展，学生的发病率逐渐降低，对于健康的关注点也发生了变化。第二阶段主要针对学生的体质健康，包括体能、耐力等。

（1）现代医学上的“健康”。中华人民共和国成立以后，受历史各方面因素的影响，国民体质很差，许多人在战乱中生病，甚至身体残疾，无法进行正常的生活和劳作。在此时代背景下，毛泽东提出从“健康”过渡到“健康第一”的理念。这一理念的提出具有重要的历史意义。

（2）学生身体素质主导的“健康第一”。伴随着现代社会的不断发展，国家经济水平日益提升，居民生活水平也得到了极大的改善，在这

① 孔硕．“健康第一”指导思想下的学校体育改革[J].时代教育,2015,(23):26.

样的条件下，学生们较少受到严重疾病、营养不良等问题的困扰，但许多学生患上了近视、肥胖症等，学生的体质较差。为了增强广大学生的体质，中央国务院颁布了《学生体质健康标准》，强调"健康第一"的理念。从此，"健康第一"这一教育理念在学校教育中得到了迅速的推广。

（二）"健康第一"教学理念的具体内涵

"健康第一"教育理念的内涵主要体现在以下方面。

1. 注重实践功能，反对形式主义

"健康第一"教育理念抛弃了形式主义，非常注重体育教育本身的实际价值与目的，以努力促进学生的身体健康发展为根本点。要想实现体育教育的目标，必须强化体育课堂的实践功能，真正将学生的体质健康、心理健康、社会适应能力放在首位。采取多种有效手段使学生掌握体育基本理论知识、实践技能，帮助学生养成良好的体育行为，提升体育意识。

2. 强调身体健康的重要性

"健康第一"并不仅仅指的是身体健康，同时还包括精神健康、心灵健康、智力健康、良好的社会适应能力等。在多维度的健康观中，身体健康是健康的基础，如果少了身体健康，其他方面就很难获得健康的发展。

3. 多元健康发展的素质教育

"健康第一"的教育理念强调好的教育不仅要提高学生的升学率，更要重视学生和教师的共同发展。学校教育的发展要以学生和教师的发展为基础。

现代学校教育要求我们必须在"健康第一"教育理念的指导下，进行多元健康发展的素质教育，摆脱长期以来学校只关注学生成绩的不良现象，构建多元教育评价制度，促进学生全面素质的发展。

（三）贯彻“健康第一”教学理念的必要性

1. 有助于提升体育在学校教育中的地位

虽然“健康第一”教育理念如今在学校教育中得到了广泛的传播，但同时也存在一些问题。我国的学校体育教学受传统教育、旧大纲片面强调“增强学生体质”的影响，过于注重教授技术、技能，体育教学在实施过程中出现了诸多问题。许多学生认为体育课上学到的知识没有用处，妨碍其进行文化课的学习，对于考大学没有丝毫帮助，是不务正业。在这种观念的影响下，文化课老师和部分学生家长对体育课的开设与实施持否定和怀疑的态度，导致很多学校在一个学期内开设的体育课时数量极其有限，学生严重缺乏适当的体育锻炼。

倡导“健康第一”的理念打破了一部分学生家长的偏激看法，让学生有强健的体魄保证学习的正常进行，有积极乐观的心态看待学习中遇到的难题，培养高尚的人生观、价值观。与此同时，通过体育运动培养学生的合作精神，提升自身的社会适应能力。

“健康第一”理念的提出有效提升了体育在学校教学中的地位。在常年应试教育的影响下，学校往往将大部分精力投入语文、数学、英语等学科教学之中，学生承担了过多的学业压力，无暇顾及自己的身心健康，很少花时间进行体育锻炼。但“健康第一”理念提出后，许多学校为了顺应“健康第一”的号召，开展了“每天一小时体育活动”，不仅为学生“减压”，而且在一定程度上使学生重视体育教学活动，改善了学生的健康面貌。

2. 有助于改善和增强学生体质

据调查发现，近些年来，我国很多高校的学生承受过量的学业压力，体质健康状况呈现整体下滑的趋势。新课程标准中倡导的“健康第一”的指导思想贯彻了人道主义精神，强调关心学生健康的现实紧迫性，扭转了学校被动开展体育工作的局面。

在传统教育观念下，体育教育不受重视，人们通常以为体育教育是不成体系的一种活动。特别是一些竞赛活动，似乎只与专业的运动员有关，与学校里的普通学生毫无关系。但是“健康第一”教育理念的提出促使人们的观念一步步转变，让人们认识到体育教育的重要性。

3. 有助于促进师生、家长、社会等方面的合作

“健康第一”教学理念的落实促进了校方、家长、整个社会的通力配合，使社会各界了解了体育健康对学生成长的关键作用。校方需要与学生积极探讨体育教学的方法，开展学生感兴趣的体育活动。教师灵活制定教学计划，组织教学内容，实现教学目标。家长需要支持校方的体育改革举措，成为校方的“援助团”，妥善处理学生在体育课堂上喊苦喊累的情况、压缩学习文化课时间的情况。整个社会需要营造鼓励全民进行体育锻炼的氛围。校方、家长、整个社会被捆绑在一起，在体育活动中、当代体育背景下一步步摸索，共同度过“破冰”的探索阶段。

4. 有助于学生各方面素质的发展

全面发展指的是学生的体力、智力都能得到充分的发展，实现人的和谐发展。“健康第一”教育理念的提出为“终身体育”做准备，有助于开发学生的运动潜能，让学生掌握随时开展体育锻炼的方法。例如，掌握基本的保健知识、伤病防治知识，了解不同运动项目的特点，熟悉不同的训练场地等。对于学生而言，只有具备了这些方面的体育能力，各方面素质才能获得发展。

二、“健康第一”教育理念在高校篮球教学中的贯彻与应用

“健康第一”指导思想基于健康概念的演化，力求从身体、心理、社会适应和道德等方面促进学生身心全面的健康。① 高校篮球教学需要“健康第一”教学理念的指导，在课程中反复强调篮球运动训练与教学对学生身体技能和素质的有利影响。贯彻“健康第一”教育理念时需要注意以下方面的要求。

（一）注重技术教学与健康教育的结合

大量的实践表明，具备良好的技战术水平能在很大程度上提升学生参与运动的积极性，有助于养成良好的运动习惯。传统的体育教学单单

① 辛利，刘娟．对学校体育“健康第一”指导思想的思考[J]．体育学刊，2013，20（05）：8-11.

注重运动技术的传授，忽视了基本的健康教育。但实际上，向学生传授健康知识必不可少，相比之下，健康教育的意义超过技术教学。学生只有具备了一定的健康知识、常见的锻炼方法，才能科学合理地参加体育锻炼和各种活动。

现代篮球教学重点关注学生对健康知识、锻炼方法的掌握情况，培养学生的运动习惯。各高校在篮球教学过程中，不仅传授篮球相关技术、战术知识，而且教授基本的健身知识和营养、卫生知识，加强篮球运动教学与健康保健的结合，如此推动学生全面素质的发展。

在具体的篮球教学中，体育教师需要在篮球教学实践中有意识加强对学生基础知识的指导，包括营养和卫生知识、运动伤病的预防与治疗等。在日常教学活动的开展过程中，需要时刻注意学生的心理状况，在必要的时候对学生进行心理疏导、心理健康教育，促进学生的全面发展。在安排篮球课的课程内容时，需要安排好运动负荷，还可以采取各种游戏的形式以激发学生学习的积极性，帮助学生养成自觉参加体育锻炼的习惯和意识。

（二）培养与提升学生的健康意识

在学校体育教育中培养学生的健康意识是非常重要的。学生只有具备健康意识，才有可能积极主动地参加体育运动。教师应该根据学生身心发展的规律、特点，结合本校的实际状况制定出有针对性的教学大纲，选择合适的篮球训练教材，组织好篮球教学与训练活动，在教学活动中培养学生的健康意识，促使学生自觉参加篮球运动。

（三）篮球教学与社会生活教育紧密结合

在学校中开展篮球教学活动，通常情况下会考虑场地、器材、教师情况、学生情况等各方面内容，但很少涉及学生在进入社会后的锻炼情况、运动项目的选择。受场地、人员限制的影响，有很多学生步入社会后就很少参加篮球活动了，这不是一种好现象。

“健康第一”的教育理念强调必须以学生为主体，强化体育项目为我所用的实际价值。对每个学生而言，生理、心理状况会不断发生变化，体育活动的内容与方法也会不断变化。学生在进入社会后需要保持体育锻炼的习惯，努力参加各种体育活动，当然篮球这一项运动在社会层面的普及程度还是相对较好的，这为二者的结合提供了良好的条件。

学校体育教育工作者需要放眼社会，多开设一些社会常见的、受欢迎的体育运动项目，为学生的终身体育创造条件。与此同时，在高校篮球教学中帮助学生寻找最擅长、最感兴趣的运动项目，帮助学生独立参与体育锻炼活动。

（四）促进学生的全面健康

在高校体育教育中对学生进行身体健康的教育，有着一定的特殊性，它与竞技体育有着很大的区别。过去，体育教育的目的是增强学生体质，而体育教师在教学过程中只注重“尖子生”的培养，对先天体质较差的学生缺乏关注，认为这些学生没有必要增强体质，对其进行不走心地“放养”。

伴随着学校体育教育的改革，新课程标准的指导思想发生了变化，体育教学的最终目的在于让每位学生拥有健康的体魄，养成健康的生活方式。在篮球教学的实施过程中，需要注重对学生思想品德的培养，促进每一名学生的发展，促进学生身体素质与篮球运动技能的同步发展。

第二节　“以人为本”教育理念

一、“以人为本”教学理念

（一）“以人为本”教学理念的提出

伴随着时间的推移，现代社会各个方面都获得了飞速的发展。学校教育也不例外。自人类出现教育这一神圣的活动以来，人们便不断追问教育的功能到底是什么。不同的人给出了不同的答案，有的人认为教育是为了建国君民、明人伦，有的人则认为教育是为了培养君子、圣人等。然而，经过历史的检验，教育的最终归向与终极价值是创造人类的幸福。法国哲学家孔多塞道：“人类精神在解脱了所有这些枷锁、摆脱了偶然性的王国以及人类进步之敌的王国以后，就迈着坚定的步伐在真理、德行和幸福的大道上前进。”[①]

① 孔多塞．人类精神进步史表纲要[M].北京：生活·读书·新知三联店，1998

“以人为本”的教育思想首次出现于文艺复兴时期,在这一时期,社会上一些教育家极力反对宗教对人性的压制,反对禁欲主义与蒙昧主义,高举人文大旗,歌颂人的力量、人的美德、人的理想,呼唤人意识的觉醒,提出教育应该做到以人为本,人的个性要得到张扬。文艺复兴是地球上的一次伟大的革命。启蒙运动时期,出现了众多著名的思想家、教育家,如卢梭、孟德斯鸠等,他们继承了以人为本的思想,主张人人自由平等。随后,康德吸收了前人的成果,提出了“人应以自身为目的”的人本思想,这一思想在西方国家迅速传播开来。

很长一段时间以来,我国的学校教育都不重视人的个性化发展,学生的个性受到抑制。20 世纪 80 年代,我国全面开展教育体制改革,其主要目标是促进人身心健康全面发展,复兴中华民族。2003 年,中共十六届三中全会在北京召开,在会上提出:“坚持以人为本,树立全面、协调、可持续的发展观,促进经济社会和人的全面发展。”① 这一理念的提出,为我国教育的改革与发展指明了方向。伴随着学校教育改革的推进,“以人为本”的教育理念终于日益深入人心并得到了很好的贯彻,这是社会发展和教育改革的极大进步。

(二)“以人为本”教育理念的内涵

1. 以人为本不同于个人本位

长期以来,在教育价值观方面,社会本位与个人本位争论不休。以社会为本强调人是社会中的一员,具有社会性,需要承担应有的责任与义务,集体和社会高于个人,个人的价值体现在对集体的贡献之中;以人为本则强调人是一个活生生的个体,人和人性居于首位,人的价值高于社会价值,社会应该为人的发展提供适宜的条件。

“以人为本”教育理念非常重视人的个性发展,将人的全面发展看作教育的终极目标。人是教育的出发点、中心,亦是教育的最终归宿。教育是以人为根本的活动。现代教育的发展要求时刻贯彻“以人为本”的理念,重视人的个性化发展和全面素质的发展。

在我国,“以人为本”主要强调的是人们要正确认识、处理好个人与

---

① 徐璞英 . 坚持以人为本,树立全面,协调,可持续的发展观 [J]. 当代社科视野,2003(08):237.

社会的关系，使个人发展与社会发展相互促进。一方面，人是社会中的人，处于各种复杂的社会关系之中，人不可能脱离社会独立存在，人的发展必然受到社会发展水平的制约。另一方面，社会是人的社会，具备属人性。整个社会的发展以个人的发展为前提，只有每个人都得到不同程度的发展，完成自我实现，社会才有可能获得健康发展。综上所述，学校教育的改革与发展都要“以人为本”，要注重个人与社会的共同发展。

2. 以人为本不能陷入人类中心主义

在古代，受生产力等各方面的限制，人类在大自然面前显得不堪一击，只能听从命运的安排，顺应自然。但随着科学技术的进步，人们找到了一些控制自然的方法与手段，萌生了征服自然的念头。笛卡尔早在17世纪就发出了“我思故我在”的感慨，开创了主体性形而上学的思维方式和人类中心主义的先河。从文艺复兴时期开始，衡量事物的意义和价值开始以人的存在与发展为标准。随着科学技术的进一步发展，唯人类中心的思想逐渐盛行，甚至有哲学家呼吁建立人统治万物的帝国。唯人类中心主义使人与自然对立起来，人类对自然毫无敬畏之心，肆无忌惮地开采自然资源，使生态环境遭到严重的破坏，人类也受到了大自然的惩罚。

“以人为本”的理念强调人不是万物的主宰，这一理念要求我们需要正确认识和把握自然规律，人与自然要和谐发展，建立保护自然的意识，珍惜自然资源，只有如此人类社会各个方面才能获得健康发展。

3. 以人为本应该以具体的人为本

传统教育存在着很大的局限性，教育者往往只着重培养人的共性（即真、善、美），对人的多样性、差异性却视而不见。《教育、知识和关于存在的问题》一文中曾有如下记载：“在众多领域的课程中，我们发现了被教育者之间的个性差异。而在实际的教育工作中，教育者磨平了他们的个性，使个性受到了侵害。”传统教育中的学校就像是一个工厂，用相同的模式去培养和塑造人，人的个性受到抑制，难以获得良好的发展。

在现实生活中，人是具体的人，每个人都是独一无二的个体。采用同一种教学模式是不可能使每个人得到充分发展的。教育要承认、尊重个体差异的存在，为每个人提供发展的环境与机会，这样才能保证每个人都能实现自我的价值，人与社会获得共同发展。

4. 以人为本使教育回归人的生活

长期以来，教育远离多姿多彩的生活世界，仅存在于抽象的科学理性世界之中。过度强调人的理性，使人缺乏共情能力和丰富的情感。人用客观、冷静甚至有些漠然的思维方式分析外部世界，似乎外部世界对人只剩下功利的价值。人陷入了精神上的空虚，科学、技术、理性在一定程度上将人奴役，成为人类的统治者。对科学技术、理性的盲目崇拜让人们远离了生活世界，使人的情感世界变得荒芜。

教育源于生活，本应该与生活世界融为一体。在制度化教育体制面前，人显得渺小，教育教学脱离了生活。教育不应该局限于科学世界中，只有抽象的概念、命题、符号和没有温度的公式，教育需要回归生活，重拾生活的意义。生活世界是感性的、丰富的、鲜活的，只有在生活世界的滋养下，人才能在理智、情感等多方面实现长足的发展。现代教育应该帮助人完成自我实现、自我理解、自我确认，突破僵硬的教育教学模式。而人本教育遵从用生活进行教育的原则，使教学的内容、形式、方法更加丰富，建立起生活本位的课程，注重学生在教育教学活动中的体验。

（三）“以人为本”教育理念中的两种关系

在高校体育教育中，“以人为本”的理念得到了很好的贯彻，这一教育理念承认学生在教学过程中的主体地位。要想贯彻“以人为本”的教学理念就必须处理好以下两种关系。

1. 学生与知识的关系

很长一段时间以来，人们认为存在永恒的真理，真理具有权威性、普适性，客观存在，不可推翻，不可违背。在书本中，真理被分门别类地系统组织起来。教师成为真理的教授者，从不考虑学生的需要、学生的发展、学生的兴趣，单单灌输所谓的“真理”，学生被知识操控着。长此以往，学生的个性难以获得发展。

伴随着时代的发展，后现代主义的知识观认为，世间不存在永恒不变的真理，知识是相对的、生成的，人类只能无限地接近真理，处于不断追求真理的过程之中。从此，真理被拉下神坛，学生开始逐渐找回在学校教育中的地位。

2. 学生与教师的关系

师生是教学活动中的重要主体,师生双边关系的确立非常重要。在传统教育中,学生被教师统治,包含在教师的主体性活动之中;教师对学生进行的教育实际上是一种简单的训练、征服的活动。在现代教育中,学生应该成为教学活动中的主体,充分发挥自身的自主性和创造性。

在学校教育中,学生应该是自主的主体。"自我主体"简单地以个人意愿为标准,衡量自己与他人、与周围世界的关系。"自我主体"中的他人仅仅是外在的客体,是实现自己目的的工具。学生若深陷"自我主体"之中,就扮演了传统教育中教师的角色,割裂了自己与他人的关系。人在社会关系中必定会遭到自我主体的抵制,这时,必须超越强调个体地位的自我主体,转向关注于关系中的个体,逐渐走向"交互主体"。"交互主体"注意人与人之间的关系,用"我与你"的方式看待问题,通过人与人之间的交往,每一名学生都成为学校教育中的主体。

学生与教师之间的关系应该由"自我主体"转向"交互主体"。教师不再是高高在上的领队,而是用自己的人格获取学生的尊重与信任,使学生敞开心扉。教师不再单方向地向学生灌输"真理",而是与学生一起成为知识的建构者,探索广阔的世界。教师与学生之间人格独立、平等,师生能够在精神的对话中达成共识,构建和谐的师生关系,相互支持,共同进步。

作为一名合格的教师,理应为学生创造更加自由的教学环境,使学生在教学活动中保持清醒的状态,探索适合自己的学习方法,利用有限的教育资源,处理好外界环境同自身的关系,寻找自己的人生目标,做最好的自己。人本教育也确立了学生自主学习的权利,强调学生的自主能力的发展和提升。

(四)"以人为本"教育理念在体育教学中的表现

伴随着时代的发展,"以人为本"的教育理念在体育教学中得到了很好的贯彻,这不仅是体育教育改革的基本要求,也顺应了人类社会的可持续发展。

作为一名体育教育工作者,首先应该做到尊重学生的个性、人权和自我价值。其次,应该充分关注学生的个性发展,使学生在训练过程中充分展示自我,释放能量,培养身心健康的素质。需要强调的是,无论教学手段如何发展，教育工作者都要重视学生这一主体的发展，与其做好密切的沟通与交流。

在体育教学中，“以人为本”的发展观主要体现在以下几个方面。

（1）在具体的体育教学中，体育教师要对学生的能力持积极乐观的态度，锻炼学生的身心，促进学生全面素质的发展。

（2）在开展具体的体育教学活动时，体育教学工作者做到始终以学生为主体，尊重学生的基本权利，促进学生的人格发展。

（3）体育教师把握每位学生的个人特点，尊重不同学生之间的差异，做到因材施教，不断帮助学生完善自我，实现自我价值。

（4）体育教师要采取各种手段与措施充分调动学生的学习积极性，发挥主体的能动性，鼓励学生参与体育锻炼。

（5）体育教师要善于发现和捕捉学生的进步，增强学生的自信心，帮助学生以饱满的热情投入教学与训练之中。

二、“以人为本”教育理念在高校体育教学中的贯彻与应用

教师和学生都是学校体育教学的重要主体，一切教学活动都要围绕学生这一主体进行。体育教学重视发展学生的外在行动力和内在动力，内在动力引导者学生的外在行动力。在体育教学过程中，体育教师强调人文操作，维护公平竞争的体育环境，弘扬体育道德，培养人性，不断发掘人的个人潜能。除此之外，体育教师还要在情感、责任感、信念等多方面贯彻“以人为本”的教学理念，不断促进学生各方面素质的发展。

（一）构建平等和谐的师生关系

在具体的体育教学中，体育教师应充分尊重学生之间的个体差异，采取因材施教的手段进行教学，要努力建立一个平等和谐的师生关系。在师生关系的构建中，真诚的鼓励发挥着十分重要的作用。大多数体育教师利用鼓励这一有效武器改善与增进师生关系，营造民主、和谐、轻松、欢快的教学氛围。学生在这种氛围中，能够更积极地与学生和老师进行沟通，获取学习的自信心。

体育教师需要把握合适的时机，用鼓励的话语激励学生。例如，在篮球教学中，在学生没能掌握三步上篮技巧时，教师切忌嘲讽学生，质疑学生能力，相反，体育教师应该以激情式的话语给学生以鼓励，帮助

学生建立学习和提高运动技能水平的自信心。

（二）公平对待每一名学生

每一名学生都是不同的，在各方面都存在着不同的差异，体育教师需要在教学的过程中，采取各种积极的措施和手段促进学生的成长，帮助学生在原有水平上充分发挥自身潜能。

体育教师不应自以为是地将学生进行等级划分，武断地将一些学生看作是差生，对学生区别对待。体育教师可以重点关注基础较差、学习吃力的学生，对他们更加有耐心和宽容，帮助他们找到自己的症结所在，改正自身的缺点。每位学生都有成功和进步的愿望，尽管基础差，学习速度慢，但只要教师找到适合学生的教育方法，就能很快赶上其他学生。

在体育教学中，体育教师不仅要关注学生的体育成绩，还要更注重学生体育运动兴趣和自信心的培养。对于不服管教、调皮捣蛋的学生，教师一方面需要有一定的责任心、包容心，宽容地对待他们，另一方面需要对他们严加看管，在扰乱课堂纪律，妨碍教学活动时采取适当的惩罚措施，使学生意识到自身错误。惩罚措施的选择与制定体现着教师的个人智慧，不近人情的惩罚会使学生产生抵抗、畏惧的心理，还有可能损伤学生较强的自尊心，十分不利于学生纠正自身的错误。教师需要做到严而有度、严而有方、严而有情，在情感上理解学生所犯的错误，引导学生向积极健康的方向发展。

（三）教学形式要灵活多变

在具体的体育教学过程中，体育教师应采用灵活多样的教学形式组织教学，使学生在情感上、行动上乐于参与体育活动与学习。例如，在进行篮球技术讲解的过程中，过于专业的技术讲解和反复的专项训练会使学生感到无聊与疲惫，体育教师可以在多次训练的间隙安排篮球小游戏或请同学进行表演，这样能有效激发学生学习的积极性，促使学生积极主动地去学习和研究各项篮球技术，从而获得发展和提高。

（四）采取客观合理的评价方式

教学评价是学校体育教学的重要内容和组成部分，体育教师应全面客观地开展体育教学的评价工作，客观评估学生体育学习的情况，评价内容一般涉及平时表现、素质达标、技战术运用等多方面的内容。体育教师需要采取多种评价方式对个人水平存在差异的学生进行评估,而不是单单关注学生在学期末的体育测验成绩。若仅将期末的体测成绩作为评价学生体育水平的方式,会使能力相对较差但平时训练十分努力的学生丧失信心,使能力较强但平时训练不用心的学生骄傲自满,这种单一的评价方式是不可取的,应该采取终结性评价与过程性评价相结合的方式。

在具体的评价活动中,体育教师需要从"以人为本"的教学理念出发,重视学生的全面发展,通过对学生参与体育学科的态度、实际的锻炼情况、体育技能的掌握等多方面的了解,有针对性地调整教学方案,确保学生获得发展和进步。

第三节 "终身体育"教育理念

一、"终身体育"的概念与内涵

我国政府历来都非常重视民生的发展。2017 年,党的十九大报告特别指出,我国今后的发展要十分关注民生,要全面促进社会大众的健康发展。然而,要实现全体国民的健康发展,推行终身教育是关键。在这样的社会发展背景下,终身体育上升到一个重要的战略地位。在高校体育教育的语境内,我们的体育教学需要尽快加强实施终身体育教学理念,促进学生们的形成终身体育的观念,这是符合时代发展要求的重要体现,具有一定的先进性。

伴随着社会的发展和进步,科学技术在带给人们便利的同时也带来了一些"社会文明病",如今人们的身体健康状况也逐渐成为社会广泛关注的重点议题。"全民健康"已经上升为国家发展战略的高度,而体育运动作为一种健康的生活方式而得到更多的重视。尤其是作为国家未来接班人的高校学生,他们被给予了厚望,高校学生要想健康地成长,成长为对国家和社会有益的人,首要的就是保证自身有一个良好的身体条件。

如今。"终身体育"教育理念逐渐成为高校体育教学的核心指导思想，是指导高校体育教学的重要的价值观。终身体育是符合我国当前社会发展需要的体育教学思想，是与时俱进的体现。

我们可以从以下几个方面去理解终身体育。

第一，从思想层面来说，终身体育是指一个人在正确认识和了解体育锻炼之后，在自己的内在需要和体育锻炼的价值的驱动之下，自觉参与到体育锻炼之中，并逐渐形成终身体育的思想。

第二，从行为层面来说，终身体育是指人们在整个生命过程中长期进行体育锻炼的行为，即在终身体育思想的引导下，克服人生各个阶段的阻碍因素，坚持进行体育锻炼。

第三，从时间的角度来说，终身体育是一项终身性的事业，贯穿人生的各个阶段。

第四，从运动项目上来说，人们可以根据自己的兴趣爱好自由选择运动项目。

第五，从参与人员来说，其对象可以是各个年龄阶段的人群。

第六，从教育角度来说，能够有效增强人们的体质，促进人的心理素质发展。

二、“终身体育”教育理念实施的原则

（一）自觉性原则

1. 提出依据

（1）终身性体育锻炼不是一个阶段一个阶段的活动，而是贯穿于人的一生。它不存在任何的强迫性、纪律性，完全依靠锻炼者的自觉。锻炼者必须要在自己的兴趣、爱好、自身需求等内在因素的驱动下，自发地参加到运动锻炼中去。

（2）终身体育的实施受到锻炼者惰性和体力的影响。首先，运动锻炼需要体力的支持，锻炼者在锻炼的过程中需要付出一定的体力；其次，运动锻炼需要承受一定的运动负荷，并且要不断突破身体已经适应的负荷，走出身体的“舒适区”；最后，运动锻炼还会受到气候、运动场地等因素的影响，比如严寒天气等。锻炼者只有拥有锻炼的自觉性，才能坚持参加长期的体育锻炼。

（3）人们在各个阶段的认识与体能素质都是不同的，因此这就需要

人们持续学习体育知识，发展新的体育方法和技能，利用科学的理论和方法指导每一个阶段的体育锻炼，满足自身的各种体育需求，持续从体育锻炼中获益。而如果缺乏体育锻炼的自觉性，也就无法积极主动地去获取体育锻炼知识，也不能自觉地参与体育锻炼。

2. 贯彻要求

（1）明确体育锻炼的目的

人们要想更好地参加体育运动锻炼，首先就要明确锻炼的目的。这样有助于坚定人们的锻炼信念，能够使人们感受达成目的喜悦和成就感，为人们展开下一阶段的锻炼提供充足的动力。因此，在终身体育的实施过程中，首先要做的就是明确锻炼的目的，朝着这一目标努力锻炼。

在确定体育锻炼的目的时，不能盲目，要依据自身的性别、年龄、身体素质、发展需要等确定合理的锻炼目标，才能取得良好的锻炼效果。比如超重的人群可以将减肥减脂作为运动锻炼的目的；一些受伤的病患可以制定相应的康复目标等。只有目标清晰了，体育锻炼才有意义。

需要注意的是，不同人群的强身健体目的是不同的。以不同年龄阶段的人群为例，青少年的强身健体目的主要体现在促进青少年的生长发育、为青少年的学习和生活提供充沛的精力；中年人强身健体的目的体现在，为人生关键时期的奋斗提供充足的体力，保持中年时期的身体健康；老年人强身健体的目的在于，保持身体的健康，延缓衰老的到来，提升自身的活力。

（2）培养体育锻炼的兴趣和习惯

终身体育的贯彻与实施，首先要明确健身者锻炼的主要目的，建立长期锻炼的信念，其次要培养浓厚的体育锻炼的兴趣，只有热爱运动锻炼，对体育锻炼抱有兴趣和热情，才能取得理想的锻炼效果。

要想取得理想的体育锻炼效果，培养体育锻炼兴趣是一个非常重要的前提。比如青少年可以能会对具有游戏性质的体育运动，比如丢沙包、跳皮筋等产生兴趣；中年人可能会对更加实用、普遍的运动项目感兴趣，如游泳、瑜伽等；而老年人可能会对具有一定的养生价值并且激烈程度不高的运动项目产生兴趣，比如太极拳、武术等。只有对某个项目或者锻炼内容感兴趣了，才能积极主动地参与锻炼，获得预期的效果。

需要注意的是，虽然良好的体育兴趣能有效激发人们参与体育锻炼的积极性，但这种积极性并不是一成不变的，随着时间的推移和次数的重复，这种积极性可能会淡化甚至消失。这就要求必须要在体育兴趣的基础上，培养体育锻炼的习惯，将这一锻炼习惯贯彻于日常生活中，才能养成良好的自觉性。

（二）从实际出发原则

1. 提出依据

（1）在当今社会背景下，可供人们选择的体育项目和内容越来越多，高校大学生可以依据自己的喜好任意选择适合自己的运动项目和内容，如此才能体现出体育锻炼的价值。

（2）由于每一个人都是不同的，因此要依据个人不同特点和实际制定锻炼计划或方案，这样的体育锻炼才有针对性。

（3）终身体育要求锻炼者一生自觉地坚持身体锻炼，锻炼的年龄、时间、自然环境等都处在变化状态，锻炼者必须根据自己的年龄、职业、时间与大自然的变化等实际妥善安排身体锻炼的时间和选择锻炼的内容和方法，这样才能使终身体育坚持下去。

2. 贯彻要求

（1）年龄特点

人们在不同的年龄阶段，身体也处于不同的状态，比如青少年时期身体处于快速发展状态，中年时期身体处于发展完全并且比较稳定的状态，老年时期身体处于逐渐衰退的状态。在贯彻终身体育从实际出发原则时，应该将年龄纳为考虑因素，对于高校大学生而言，要依据大学生的身心发展规律和特点制定锻炼计划。

（2）身体状况

身体状况是确定体育锻炼内容、方式和运动负荷的决定性条件，必须要在清楚自身身体状况的前提下制定合适的运动方案。比如体重过高的人群应该尽量避免选择跳绳、快跑等对膝盖伤害较大的运动，因为体重产生的压力会导致膝盖更加容易受伤；而一些患有慢性疾病的人群，比如高血压等，应该选择一些激烈程度较低的运动，在达到锻炼目的的同时又不会对身体产生较大的刺激；还有一些骨折或者肌肉拉伤的人群，应该暂时停止运动锻炼，防止损伤状况加重，利于机体恢复。

（3）职业特点

职业特点也是影响体育锻炼的重要因素。从运动量来看，不同职业的运动量不同，有的职业运动量较大，比如一些以体力劳动为主的职业；有些职业运动量较小，比如一些以脑力劳动为主的职业。从运动方式来看，不同职业的运动方式也不相同，比如有的职业需要人一直站着，如商场的销售人员等；有的职业需要人一直坐着，比如一些办公室工作等。应该分析职业特点，了解人们工作时的运动量以及运动方式等状况，再有针对性地确定运动方案，才能取得良好的运动锻炼效果。

（4）自然条件

人们在参加体育锻炼时也要考虑自然条件因素。比如我国东北地区室外的温度较低，在室外锻炼容易引发冻伤、心脑血管疾病等，而我国南方地区夏季的气温较高，在室外锻炼容易导致出汗过多、中暑等。因此，在制定运动方案时要因地制宜，符合实际。

（三）全面锻炼原则

1. 提出依据

（1）人体各个器官都是联系在一起、相互影响相互制约的，单独锻炼身体的某个部位或某个器官难以取得理想的锻炼效果，因此锻炼一定要全面而周到。

（2）全面锻炼有利于人体的平衡发展。大量的实践表明，人体经常锻炼的部位、器官会有明显的发展，比如肌肉增大、器官功能增强；而疏于锻炼的部位和器官则会出现“衰退”的现象，因此只专注于单一部位或者某个器官的锻炼是不恰当的做法。

2. 贯彻要求

（1）合理搭配训练内容

作为一名健身者，要选择合理的运动项目或内容。实际上运动项目和运动内容不同，对人体的影响也不相同，一种运动项目可能会着重影响或者发展人体的某项运动素质，但是很难促进各种运动素质的共同发展。因此，在制定运动方案时，一定要根据健身者的具体实际合理选择锻炼项目或内容。

（2）内外锻炼相结合

身体锻炼表面看是由各种明显的动作组成的肌肉活动，实际上它是由身体组织、器官和系统相互配合、共同完成的。因此，选择运动项目时，除了要考虑身体组织的需要和发展，还要了解身体内部的系统和器官，制定科学合理的健身方案。

（四）合理负荷原则

1. 提出依据

（1）有机体对运动负荷的适应性

人体在参与运动的过程中，对运动负荷具有一定的适应性。运动负荷能够刺激机体在能源储备、各器官系统结构和机能、神经调节机能等方面的改善，锻炼水平越高，机体能够承受的运动负荷越大，机体各器官、各系统的改善越明显。机体适应能力的增强是一个漫长的过程，必须要根据机体的实际状况，合理确定锻炼负荷。运动负荷过大或者过小，都无法达到理想的训练效果，运动负荷过大，容易造成过度疲劳甚至机体损伤；运动负荷过小，无法对机体产生足够的刺激，难以取得理想的锻炼效果。

（2）人体的超量恢复

超量恢复是指机体在承担一定的运动负荷之后，因为能量的消耗产生疲惫，但是在充足的休息和能量补充之后，机体重新恢复，在运动负荷合理的情况下，机体的恢复程度甚至会超过之前的水平的现象。获得超量恢复是运动员参加体能训练的重要目的。对于一般的健身者而言，获得超量恢复也非常重要。

2. 贯彻要求

（1）确定科学合理的运动强度

运动强度是指相同时间内运动锻炼对机体的刺激程度，人们一般用脉搏测量法来确定运动的强度。

当运动时脉搏跳动的频率为 160 次 / 分钟，则锻炼强度大约为 80%；

当运动时脉搏跳动的频率为 140 次 / 分钟，则锻炼强度大约为 70%；

当运动时脉搏跳动的频率为120次/分钟，则锻炼强度大约为60%；

当运动时脉搏跳动的频率为110次/分钟，则锻炼强度大约为50%。

相关研究与实践表明，一般人的运动强度在110—160次/分的时候，能够实现较好的运动锻炼效果；当运动强度在50%以下时，取得的锻炼效果不明显；当运动强度在80%以上时，则属于专业的运动训练强度，一般健身者按照这一训练强度参加运动锻炼容易出现运动损伤，因此要谨慎。

（2）确定合适的运动时间

运动时间的安排是建立在运动强度基础上的。对于青少年来说，可以结合青少年的身心发展特点，选择运动时间较短但是运动强度较大的运动方式；对于中老年人来说，可以选择运动时间较长但是运动强度较小的运动方式。对于一般的健身者而言，1.5—2小时的运动锻炼便能取得不错的锻炼效果。

（3）从身体的实际状况出发参加体育锻炼

参加体育运动锻炼的大学生，要非常重视自身的身体反应。如果运动之后身体状态良好并且运动能力有所提升，则说明当前的运动负荷比较合理；如果运动之后身体出现反常状况，则说明当前的运动负荷可能过大，不利于身体机能的发展。这时就需要依据实际情况合理地调整运动负荷。

三、"终身体育"教育理念实施的策略

（一）建立一体化的学校体育教育体系

学校体育是终身体育的重要组成部分，一方面能够从思想上帮助人们树立终身体育的意识，另一方面能够从生理上帮助人们增强体质，发展运动技能，为终身体育发展奠定生理基础。因此，必须要重视学校体育的开展，建立合理、完整的学校体育教育体系。

科学的学校体育教育体系应该是一个分阶段的、从低到高的有机整体，学生从最基础的体育知识开始学习，到逐渐掌握更有难度的体育教学内容，中间的每一个环节都能连接在一起，并且前面环节所学的知识能够成为后面环节知识的基础，整个过程中学生的体育能力有序提升。

目前来看，我国的高校体育教学尚未形成一个上下协调、有机统一的整体。初等、中等和高等教育之间没有做好相互之间的了解调研工作，各自为政，设置的教学内容无法很好地衔接在一起，教学内容的安排上有大量重复。这种混乱的教育体系对我国高校大学生的全面发展起到了阻碍作用。

在终身体育的框架下，学校发展体育必须以学生为本，根据学生的身心发展特点，在学生成长发育的每一个阶段安排合适的体育教学内容，并且保证前后的教学内容是相互联系在一起、相互促进和发展的。

体育教师是重要的教学主体，其综合水平的高低对体育教学效果有着非常重要的影响。在体育教学体系的建设中，教师应该对教学体系有着全方位的理解和把控。从纵向角度进行分析，体育教师应该认识到终身体育的阶段性、连续性和完整性，终身体育本质上是一个有机协调的整体，在该理念的指导下，小学体育教育、中学体育教育和高中体育教育应该联合起来，统一规划，统筹考虑；从横向的角度进行分析，学校体育和竞技体育、群众体育一起，构成了我国完整的体育体系，学校体育作为体育体系中的一个重要环节，对于终身体育的发展起着重要的作用，因此我国各高校理应加强学校体育教育体系的建设，为学生形成终身体育意识和习惯奠定良好的基础。

（二）设置丰富、个性的体育组织形式

学校体育组织形式是指根据一定的指导思想、体育活动目的和教材内容以及主客观条件组织安排体育教学活动和锻炼的方式。一般来说，学校的体育教育组织形式主要包括集体教学、分组教学、个别教学等。体育教师可以依据具体的教学实际合理选择。

体育教师在选择体育组织形式时，应该在充分考虑教学内容、本校教学资源、不同阶段的学生的发展水平以及发展需要的基础上，参考学生的学习兴趣，尽量实现学校体育组织形式的多样化和特色化。

对于高校体育教育而言，各高校应以学生的发展需要和兴趣爱好等因素为参考，设置合理的体育运动项目。比如少数民族学生比较多的学校，可以开设一些民族特色体育课程；地理条件比较有特色的学校，可以开设一些具有地方特色的体育课程；针对高校学生比较容易被流行事物吸引的心理特征，可以开设一些比较流行的体育课程；面向高校女生可以开设一些瑜伽、体育舞蹈等课程，如此能帮助所有学生都能接受

良好的体育教育。

(三)加强教师队伍建设、提升教师素质

在当今教育背景下,要跟上学校教育的形势,体育教师必须要转变传统的教学思想,要努力提升自身的综合素质,以适应学校教育改革的发展与要求。在具体的体育教学过程中,体育教师应该采用丰富多彩的教学形式和教学方法,引导学生参与到体育教学的过程中,将学生从被动、消极的知识接收者,转变为积极、主动的知识探究者,如此才能有效地提升教学质量。

高校体育教育改革要十分重视体育教师的培养与发展,将教师的综合素质和专业能力发展为重点,建立起一支高素质的体育教师人才队伍。从学校方面说,应该将促进教师的发展作为学校工作的一项重要内容,从资金、时间上为教师发展提供支持,为教师创造各种进修学习、交流培训的机会。从教师个人来说,应该严格要求自己,坚持终身学习,积极参加职业培训、持续接收最新行业知识、继续进行深造等。只有建立起一支强大的体育教师队伍,每一名体育教师都具备出色的专业水平,我国的高校体育教育才能获得进一步发展。

第四节　其他体育教育理念

除了上面所述的"健康第一""以人为本""终身体育"等教育理念外,还有其他方面的教育理念,作为体育教育工作者要认真学习各种教育理念,将先进的教育理念充分贯彻于体育教学之中,促进学生的全面发展。

一、"快乐体育"教育理念

"快乐体育"这一教育理念非常符合当今学校教育的趋势和潮流,对于学生全面素质的发展和提高具有重要的意义。因此在世界很多国家都受到广泛的重视。

（一）“快乐体育”教育理念的内涵

“快乐体育”教育理念的内涵主要体现在以下方面。

1. 环境优化

（1）硬环境

硬环境是指进行体育教学的场地、设施等，“快乐体育”教学理念要求教学硬环境必须要符合体育教学的要求，并且美观和和谐。

（2）软环境

软环境指的是人文环境，即学生和学生、学生和教师之间的关系，“快乐体育”教学理念要求教学的软环境必须健康、和谐。

2. 情感驱动

（1）引导学生获得愉快学习的情感体验。

（2）体育教师通过各种手段与方法的利用，调动学生对体育学习的热爱，使学生形成良好的学习心态。

（3）建立民主、合作的师生关系，形成浓厚的体育教学氛围，促进教学质量的提高。

3. 协同教学

协同教学是指运用协同论的原理，在体育教学过程中重视教与学诸要素之间的参量配置协调、同步以及互补，以形成体育教学活动协同高效的运行机制使体育教学的整体功能得以放大和增值。协同教学要求启发式的教学方法和创造性的教学方法的有机统一，其突出特点是在内容上强调“发现学习”，在形式上强调“学习过程自组”。[①]

4. 增力评价

一般来说，增力评价包括形成性评价和激励性评价两种形式。在做增力评价时，要注意以下方面。

（1）要保证形成性评价的准确性和及时性。

（2）激励性评价要选择合适的时机，并且可以适当增加激励性评价

① 陈轩昂．新时期高校体育教学的改革与发展［M］．北京：航空工业出版社，2017.

的频率。

（3）评价要具有较强的实用性。

（4）要避免超负荷地对学生进行评价，否则容易适得其反。

（5）教学评价内容要全面，易于反馈体育教师的教学情况和学生的学习情况。

5. 快乐体验

快乐体验主要是指快乐的运动体验和成功体验，在教学中强调不同的体育活动所独具的乐趣。快乐体验教学应注意以下方面的内容。

（1）选择合适的教材内容。一方面教材内容需要满足学生的兴趣爱好，另一方面也要兼顾学生的体育锻炼需求。

（2）情感教育和知识教育结合在一起，使学生在学习知识的过程中获得良好的情感体验，提高教学效果。

（3）注重教学方法的指导，“授人以鱼，不如授人以渔”，使学生掌握学习的方法，真正做到“会学习”。

（4）严格遵循因材施教的原则教学，促进学生的个性化发展，让学生能够充分展示自己，提升自信心。

（二）“快乐体育”教育理念的实践成效

1. 有利于学生主体地位的巩固

以往的传统教育理念不注重学生主体地位，在很大程度上打击了学生学习的积极性，不利于教学质量的提高和学生的发展。而“快乐体育”教育理念充分肯定了学生的主体地位，要求在教学的过程中充分发挥学生的内因作用，激发和维持学生的学习兴趣。从人的发展来看，兴趣和动机是构成人的人格特征的重要组成部分，只有建立了学习体育的兴趣，体育教学质量才能得到进一步的提高。

2. 有利于师生关系的和谐

在传统教育理念下，教师和学生的地位是不平等的，学生始终处于一个被动和服从的地位，在这样的情况下，师生之间的关系并不和谐。另外，在这一教育理念下，整个教学氛围非常严肃，教师和学生之间缺乏交流，这不仅不利于学生的学习，也不利于教师的反思和进步。而“快乐体育”教育理念认为教师和学生之间是平等的双边关系,教师在教学过程中起到的是主导作用,负责掌控教学的内容、节奏和方向,用自己良好的思想品德、丰富的知识、高超的运动技艺、活泼生动的形象教育和影响学生;而学生在教学过程中起到的则是主体作用,需要充分调动自己学习的积极性和自觉性,配合教师的教学工作。在“快乐体育”教育理念下,师生关系非常融洽,教学氛围更加轻松和谐,教学效果也明显地得以提升。

3. 有利于学生的个性化发展

传统教育理念认为,体育教育的目的在于促进学生身体素质发展和提高学生运动技能。在整个教学过程中,学生的个性受到抑制,忽视了学生的身心特征和发展规律,不利于学生的身心全面发展。而“快乐体育”教育理念则非常重视学生的身心全面发展,这突出体现在两个方面:一方面,“快乐体育”教学理念要求设置符合学生身心发展的教学内容,并在尊重学生兴趣和需求的基础上给予学生选择的权利;另一方面,在教学过程中注重发掘学生的体育潜力和突出体育项目的乐趣,使学生获得良好的情感体验。

除此之外,“快乐体育”教育理念还主张在教学中要推动学生的独立性、自主性、创造性等各方面的发展,这无疑对学生的全面素质的提高具有重要的影响和意义。

二、“三自主”教育理念

(一)“三自主”教育理念的内涵

1. “自主选择”体育学习时间

目前来看,我国绝大部分的高校普遍采用的都是学分制的形式,这种制度的优势在于能够在教学时间上给予学生更多的选择空间,学生可以根据自己的实际状况自主地选择上课时间。除了专项体育课程和普修体育课程之外,学校还应该尽力创造条件,保证学生在体育学习时间选择上的自由。由学生自主选择体育学习时间,对于激发学生学习的积极性具有重要的意义。

2."自主选择"体育学习内容

自主选择体育学习内容是"三自主"教育理念中非常关键的部分，这一教育理念要求给予学生自由选择体育学习内容的机会。

一方面，高校应充分利用体育资源丰富的优势，为学生提供更多的自主选择空间。在普修体育课方面，高校应事先做好充分的调研工作，充分了解学生的兴趣爱好和体育锻炼需求，并以此为依据，安排符合学生兴趣爱好的体育教学内容供学生选择。在专项体育课程上，教师应该在完成统一的教学内容之后，留出一定的时间，让学生依据自身的具体实际展开进一步的学习，这也就是我们通常所说的"因人而异"的教学。

另一方面，在教学过程中，体育教师要加强教学监督和管理。首先，教师应该制定严格的教学要求，保证教学质量。其次，教师要做好课堂管理，从教学秩序、教学氛围、教学进程等方面，要求学生自觉配合；最后，教师与学生要增进彼此间的沟通与交流，建立融洽的师生关系。

3."自主选择"体育学习方法

由于每一名学生都是不同的，因此，"三自主"教育理念其中一个非常重要的方面便是学生自主选择学习方法。教师应该统一教学的基础上，根据学生的个人特点，因材施教，引导学生选择适合自己的体育学习方法。此外，在不严格要求技术规范的教学内容时，教师应该不限制学生的学习方法，允许学生用不同的方式完成统一内容的练习，给予学生充分的自主选择空间。如教师在传授学生篮球三步上篮技术时，教师可以引导学生单练，也可以引导学生参加小组练习，或者进行游戏性练习，这样能很好地激发学生学习的积极性，从而提高教学的效果。

（二）"三自主"教育理念的实践成效

1.有利于更好地实现课程目标

高校体育教学改革的主要目的在于提高学生的身心健康水平、促进学生个性发展、提高学生的社会适应能力、增强学生的竞争意识。而"三自主"教育理念与这一改革目的具有极为密切的联系。首先，"三自主"教育理念给予了学生充分的自主选择空间，不仅能够激发学生参与体育学习的热情和积极性，还能够锻炼学生自主选择与规划的能力，并提高学生的综合素质。其次,“三自主”教育理念还有助于学生社会适应能力的提升,增强学生的合作意识和竞争意识,促进学生的全面发展。

2. 能够充分满足学生的个性发展

“三自主”教育理念打破了传统的以教师为教学主体,由教师掌控整个教学课堂的教学理念,在这一理念下,师生处于同等重要的地位,教师只在教学中起主导作用,学生处于重要的主体地位,一切教学活动都要围绕学生进行。与以往传统的教育理念相比,“三自主”教育理念能够在最大程度上满足学生的个性发展意愿。首先,学生能够在积极的学习心态中主动构建新知,不断充实自身的知识储备;其次,学生在相对充分的自由选择中,能够充分发展求知欲、自信心、表现欲,以及能够为自己的选择负责的责任心、在体育学习中表现出顽强的意志等,这对于学生身体、心理、智能、运动技能等综合素质的发展都具有重要的意义。

3. 有助于促进教师全面素质的发展

“三自主”教育理念非常重视学生主体地位的彰显,对教师和学生的双边活动都提出较高的要求。在这一教育理念下,一方面,体育教师必须适应这种转变,及时改变自己的教学观念,在教学中学会因材施教,根据学生的特点引导学生进行自主选择。另一方面,由于学生具有自由选择的权利,因此教师之间的“优胜劣汰”会更加明显。体育技术高超、教学方法灵活有趣、教学责任心强的教师会受到更多学生的欢迎;而那些体育水平差、教学能力低的体育教师,则受到学生的冷落。因此,在这一教育理念下,体育教师必须要积极主动地去发展与提升自身的综合素质,否则就会遭到淘汰。这对于建立新型的体育教师队伍具有极大的推动作用。

第三章 高校体育教育教学过程诸要素研究

高校的体育教育教学，向来都在高校教育中占据着特殊的位置。这首先是由于体育学科的复杂性、多样性、灵活性等诸多原因引起。体育教学与其他学科教学的最大区别在于体育是一门依赖实践的学科，和其他学科相比，体育教师在教学中的可控性远远低于其他教师，体育活动对学生的激发情况也有显著差异，会带来很多不可控的情况，而不管在怎样的情况下，都需要体育教师能及时地做出合理的回应和指导。因此，要保证高校体育教育教学的顺利开展，有必要对高校的体育教学过程做出科学严谨的研究。本章将从高校体育教学目标的设置、高校体育教学方法的选择、高校体育教学模式的设计以及高校体育教学评价的完善等方面进行分析。希望借此能够对高校体育教学过程中有可能会遇到的所有重要因素给出全面、翔实的理论依据和实践经验的总结。

第一节 高校体育教学目标的设置

一、体育教学目标概述

体育是伴随着社会的进步而不断发展并衍生出的一门学科，它具有多种功能和多层意义。高校的体育教学也时时刻刻受到社会发展的影响，因此其功能、意义和目标也在随着社会变迁而发生着各种变化。高校在实施教学活动时，首先需要对体育教学目标的相关概念做必要的厘清，然后才能保证教学实施更加科学有效、更适应社会发展的需要。

（一）相关概念

体育教学目标是在目标和教学的基础上发展出来的一个融合的概念，因此，要想理解体育教学的概念，需要将相关概念做一个全面的梳理，这样更有助于体育教学的顺利开展。

1. 目标

目标是指在一定时期内对某一活动所达到的程度和所取得的效果的预期。目标通常具有方向性、层次性、可操作性、挑战性、系统性等特点。在开始活动前制定相应的目标，可以使参与者明确活动的方向，可以随时对行动进行指导，而且，目标还能给调动参与者的热情，并赋予其一定的动力和掌控感。

2. 教学目标

教学是一个实践的过程。在《教育大词典》中对教学目标的定义为“教学目标是教学中学生预期达到的学习效果和标准”。因此，教学目标最重要的意义是为教学活动提供方向，与此同时，还含有一定的层次性、可操作性、挑战性和系统性的隐含内容。

3. 体育教学目标

体育教学目标是指教学过程中教师开展教学活动的方向，以及预期能够达到的教学成果。同时，体育教学目标还强调了教学活动的阶段性，在教学的过程中各个阶段的任务和预期效果以及最终完成的效果。

在理解体育教学目标的过程中，还需要对体育教学目的、体育教学任务这两个概念进行辨析。

（1）体育教学目的

体育教学目的即开展体育教学活动的目的，即人们设立体育学科和实施体育教学所要达到的某种结果和期望。体育教学目的贯穿于整个体育教学活动过程中，是教学活动的指导思想，体育教学目的最直接的作用是控制体育教学的进程和方向。

（2）体育教学任务

体育教学任务主要是指体育教师在教学活动中要做的具体工作。体育教学任务为实现体育教学目的服务，是保证完成体育教学目的的中间环节。

另外需要指出的是，体育教学目标、教学任务、教学目的三者之间是相互依托、彼此影响的，它们的相互关系如下。

（1）各阶段的体育教学目标的综合构成最终体育教学目标。

（2）前面我们已经对体育教学目标的概念进行了简单的梳理，明确体育教学目标是体育教学活动预期取得的效果，由此可以看出，体育教学目标是实现体育教学目的的标志。

（3）体育教学任务是保证体育教学目标实现的根本途径，也是体育教学目标和目的实现应该做的实际工作和承担的责任。

4. 体育学科的功能

所谓功能取决于事物本身的独特性质和特点。而体育学科的功能主要来自体育学科自身具有的主要性质和特点。然而，体育本身又具有多种文化属性，它来源于不同的民族和地区，而且随着长期生活不断地积累和总结，是一个发展的、动态的结果。在这一基础上，体育学科的功能具有多样性的特点，与其文化母体的特性息息相关。

（二）体育教学目标的划分

1. 知识目标

知识目标贯穿于体育教学的过程始终，也是体育教学的最基本的内容。体育教学所包含的知识目标有健康知识、体育概念、体育原理，以及认识和理解体育锻炼对身体带来的积极影响，当然其中也包含了不当训练会造成的运动伤害等知识。同时，体育教学的知识还包含着心理知识，比如运动心理学。还有关于体育在当今社会中的地位和意义等社会学相关的知识。

2. 体能目标

体能目标是指在教师的引导下，通过一系列的体育教学活动，循序渐进地发展和提高学生的体能素质。其中最基本的体能目标包括力量、速度、灵敏、平衡等素质。力量又可分为绝对力量和爆发力；耐力可分为有氧耐力和无氧耐力等。在体育教学互动中，体育教师通过组织各种训练内容或运动项目，逐渐达到提高学生体能的目标。例如，通过一些强度合理的田径项目来提升学生的跑步速度，或者有氧耐力；通过组织篮球、足球等球类集体对抗项目，提升学生的反应速度和灵敏。设置好体能目标会有助于促进教师安排体能训练和相应的教学内容。

3. 技能目标

技能目标主要指提高学生进行某项体育运动的技能和方法。比如高校最常见的教学项目有篮球、足球、排球、乒乓球、游泳、舞蹈、以及跳高、跳远等田径项目。技能目标可以帮助学生明确学习领域和学习内容，但是技能水平表现为一定的阈值，并不是一个既定的目标。因此，技能目标具有较高的针对性和层次性。

4. 情意目标

情意目标则表现在多个方面，比如学生的心理健康水平、社会适应能力、人际交往水平，这些情谊目标是随着社会的发展而变化的，主要导向是期望学生能够在价值观、道德情感，心理素质、精神态度、审美情趣等方面能够更加符合所处时代的要求，从学生的个体角度出发，则表现为提高学生的幸福感、归属感以及自我效能感和自我价值感的水平。比如，通过参与某项教学活动的训练，可以提高学生的心理素质、团队协作能力，可以培养学生养成积极乐观、勇于拼搏的生活态度，并且通过在团体中的互动、磨合和交流，还可以给学生带来归属感、幸福感等积极情感价值，从而有效地实现体育教学的情谊目的。

由此可见，对体育教学目标进行划分能够使体育教学工作者在教学过程中厘清思路，对达成各项目标的方法、教学特点有一个较为清晰的认识，同时也降低了在教学过程中的教学难度。如在教学的过程中将某一个教学内容划分为知识目标，就可以选择一些与目标紧密相关的内容进行讲授，同时也清楚了在对学生进行体育教学相关知识的教授时应该采用什么样的教学手段，安排什么样的教学环境从而有助于学生对教学内容的掌握，需要多长的时间才能保证这一目标的实现。因此可以说，对教学目标进行划分，有助于体育教师明确体育教学目标的性质和特点，从而有利于体育教学目标的确立和教学方法的选择。

（三）体育教学目标的划分依据

一般而言，体育教学目标是一个比较笼统的体系。因此，需要根据一定的属性、效果或功能进行分类。

1. 体育教学目标的层次

体育教学目标根据不同的层次，可以细分为课程教学目标、学段教学目标、学年教学目标、水平教学目标、单元教学目标、课时教学目标；如果再进一步进行细分还可以分为针对各个知识点的教学目标，以及根据技术难度划分教学目标。

（1）学段教学目标

学段教学目标主要是依据我国的教育结构设置而划分的不同层次的教学目标，一般分为小学、初中、高中和大学四个基本学段，这种划分形式是以学生的身心发展为根本，符合人体自然发展规律的一种科学划分方式。学段教学目标可以循序渐进地发展学生的身体素质和体育运动技能。每个教学阶段既有相互独立的教学目标，相邻两个学段之间的教学目标也具有一定的连续性，整体上构成了学校体育教育的教学体系，使体育教学更具有科学性与合理性。

（2）学年教学目标

确定了学段教学目标之后，接下来就是划分学年教学目标。学年教学目标是对每个学段内的学年体育教学活动进行分解，以每个学年为单位，继续划分为不同的教学目标。用以指导每个学年期内的体育教学活动，明确该学年结束时教师必须完成的教学任务和学生必须掌握的学习目标。学年教学目标是重要的教学效果评价指标。

（3）单元教学目标

在学年教学目标的基础上需要制定单元教学目标。单元教学目标根据教学模块进行划分，单元教学目标是以体育运动项目或者运动技能为基本单位，代表着课程开发者对课程结构总的看法和认识，它是课程构成的组成单位。以知识传递的角度看，一个完整的单元教学目标代表着一个相对独立的教学环节，也代表了对学生掌握某一组能力的基本预期。

（4）课时教学目标

课时教学目标是以教学活动的基本单位进行划分的目标。一般，在设置单元教学目标时会将其分为若干个课时目标进行实现，连续的几个课时的教学目标构成一个单元教学目标。课时教学目标相对地具有更大的灵活性，教师可以根据具体的实践情况进行调整。课时教学目标是教学活动的基本元素，是教学活动的最小单位。每一个课时目标是教师实施教学任务的主要途径。因此，课时目标对整体的体育教学目标的实现起到重要的作用。

2. 各层次体育教学目标的主要功能

体育教学目标的功能就是体育教学具有的作用和特点，是帮助指导教师教学活动的基本思想，根据设置好的各个层次的教学目的实施教学，可以让教师对整个学段、学年、学期以及每个课时都有清晰的目标，使每一个设置和任务的安排、每一种教学方法的选择都指向具体的功能和作用，使整体的教学不会偏离轨道。

3. 不同体育教学目标之间的关系

（1）逐层递进的关系

将教学目标划分为不同的层次，其目的本身就是为了更好地实施教学任务，更有效地安排教学活动，以及更有利于学生对知识与技能的掌握。因此,这些教学目标本身之间存在着逐层递进的关系。比如,课时目标的完成是为了单元教学目标的实现,而实现单元教学目标之后则意味着学年教学目标的达成,最终实现学段教育目标。

(2)彼此呼应的关系

各层次教学目标之间还存在彼此呼应的关系。比如,每个课时目标之间是相互连续的关系。而每个单元之间也并非完全独立,具有一定的呼应关系。学生在学习新的单元时,会用到已经学过的知识技能,既可以起到加强和巩固的作用,还可以训练将已知与未知相互连续,促进知识能力系统的建立。另外,即使是相邻学段之间、相隔的学段之间也会有一定的呼应关系。这样可以很好地保证学生在学习过程中,将新旧技能进行融合,这也符合学习的一般规律,可以促进学生的学习更有效率。

二、体育教学目标设置的现状

体育教学目标是指导体育教学的关键,然而在具体实践中,还有很多不尽如人意的地方需要改革和优化。整体而言,目前我国的体育教学目标的设置问题存在以下几个方面的问题。

(一)对教学目标的认识不足

在持续多年的应试教育背景下,学校、教师甚至学生本身,对体育课程都不够重视。这反映出人们普遍对体育教学目标没有形成足够的认识和理解。很多学校、家长和教师都更加重视文化课的目标与教学,学校的体育课程很多时候形同虚设,比较随意,没有形成完整的体系建设。有的学校甚至缺乏专业的体育教师,在制定教学目标的时候,相应的系统性和科学性方面自然会受到影响。

(二)教学目标含糊不清

体育课程不仅是一门系统的课程,也是一门涉及多门学科的课程。在制定教学目标时,要求体育教育工作者除了具有扎实的专业功底之外,同时还要兼顾其他方面的科学性与合理性。应该对体育教学进行全面的了解,掌握体育教学内容之间的关系。比如,除了要关注发展学生的身体素质和运动技能之外,还要保证体育教学目标严格符合学生的身体发展的规律，以及符合社会对人才的实际需求，还要符合学生的心理发展需要，符合学生的个性特点，能够综合地、全面地协调教学活动的安排。而现实情况是，我们的体育教学目的在各个层次都趋于保守，长期以来仍坚持原有的教学标准和教学方式，教学目标也较为陈旧，未能做到与时俱进地发展。在设置教学目标时，有时考虑的因素不全面，导致体育教学目标不明确，在具体的实践中会出现难以把握重点的情况，无法保证目标的实现和体育教学的实施。

（三）教学目标较为空泛

体育教学的整体目标含糊，必然导致在设置其他层次的目标时，会比较的空泛，这就是目标不明确带来的最明显的问题，没有明确的教学目标，在教学实施过程中，就会出现模棱两可的情况，可以这样，也可以那样，并且，在制定评价标准时缺乏有力的参考。空泛的教学目标会使得教师在教学时没有明确的方向，导致教学进程缓慢甚至游移，使体育教学的意义和价值都大打折扣。

（四）教学目标相互雷同

由于整体的教学目标在制定的过程中不够清晰和准确，导致在分层次制定教学目标时又出现了相互重复和雷同的现象。比如，在制定各阶段体育教学目标时不能很好地加以区分，反而出现相互雷同的目标和内容。既破坏了体育教学的整体性和系统性，也浪费了宝贵的教学资源，同时因为未能很好地照顾到学生的学习兴趣，致使体育课程枯燥无味，难以激发学生的学习积极性和主动性。

（五）教学目标脱离实际

现代社会发展迅速，人们生活、观念、意识以及行为都在发生着显著的变化。高校的体育教育也应该紧随时代的脉搏，在教育理念、教育思想、教学目标、教学内容等方面进行不断改革和优化。然而现实情况却是，我们的高校体育教育发展十分缓慢，甚至有些地区表现出严重的落后迹象。教学目标的设置几乎长期不变，严重脱离了生活实际。造成的直接影响就是使学生对体育课失去兴趣，体育课堂与课外体育活动严重脱节，学校的体育课形同虚设。

（六）教学目标缺乏层次性

教学目标缺乏层次性主要是受教师自身的专业水平所限。我们有很多体育教师仅仅满足于自身原有的专业积累，未能及时地与时俱进、不断地完善和建构自己的知识体系。长久以来，导致体育教师的思维和视野都相对狭窄，没有形成应有的知识储备。因此，在制定教学目标时，就显得捉襟见肘，又因为缺乏强大的学习能力，于是只能敷衍了事，反映在教学目标上就是宽泛含糊，缺乏层次性，没有深入的理解和见地。这样的教学目标不利于学生学习，也难以促进教学质量的提高。

（七）教学目标受教师因素影响

在设置体育教学目标时，常常存在一种情况是严重受到体育教师自身好恶的影响。由于监督管理得不够严格，体育教师在制定教学目标时，会增加个人情感的因素，对自身喜欢的或者擅长的项目有所侧重，而对自身不喜欢或不擅长的项目则轻描淡写或者轻轻带过。这种现象由一定的历史原因造成。传统的体育教学目标的制定方法十分简单，只是由体育教师简单地设置一些身体素质、技能、运动项目等方面的内容。有些体育教师在制定体育教学目标的时候，为了省时省力，仅仅把个人熟悉的内容和项目作为教学目标，而不是花时间和精力去全面地研究和备课，甚至是套用以往教学的一些教学目标，所以导致体育教学目标失去意义。这种现象应该通过加强监管和对体育教师的继续教育而逐渐避免。

三、体育教学目标设置的要求

（一）增强体质

增强和发展学生的身体素质始终是体育教学的指导思想。但是根据有关数据显示，现在我国许多高校学生的身体素质距离理想标准还有一定的差距，学生的体质呈逐渐下降的趋势。导致这种现象的原因主要有以下几种。

（1）体育运动实践不足，运动强度也不够。

（2）生活方式、学习方式以及饮食习惯不够科学。学生的学习时间过长，基本上属于久坐一族，相对可用于体育运动的时间和精力就减少。

（3）高校学生精神压力大，由于社会节奏加快，升学压力和就业压力导致青年学生的精神长期处于紧张状态。另外睡眠不足也是影响健康的重要因素之一。

因此，高校应针对现实情况着手设置行之有效的体育教学目标，以增加学生的体质为核心指导。在此基础上，发展学生的运动兴趣，制定针对性较强的体育教学目标，达到增强学生体质的目的。

（二）全面健康

体育教学的目标还应该符合健康的标准。身体健康只是健康的一个方面，我们的高校是培养人才的重要阵地，人才的全面成长首先需要做到全面的健康。比如，我们的体育教学要促进学生身体上、精神上和心理上的全面健康发展。因此，我们的高校在制定教学目标时，应该综合考虑，将身体、心理和精神三个方面进行有机融合，将健康放在教学目标制定的第一位，才能制定出更有利于学生全面成长的教学目标。

（三）注重对学生“三基”的培养

“三基”是指教学的基础知识、基本技能和基本技术，是所有学科教学的共性目标。由于体育教学的实践性和复杂性，在制定教学目标时，会相应地更有难度，很容易顾此失彼，使得体育教师在制定目标时，有时会过分强调技能技术的提升，而忽略了扎实基本功的部分，从而失去重点。因此，体育教学目标的设置，一定要围绕“三基”的核心思想。同时，重视体育教学的基础培养功能，也是为学生日后参加社会生产打好健康的基础，并为实现终身运动做好准备。

（五）注重对学生兴趣的培养

对学生兴趣的培养将是制定和设置教学目标的重要依据。兴趣是最好的老师，“快乐教育”也是国家多年来对体育教学的指导思想。它要求从培养学生的学习兴趣入手，让学生在进行体育学习、技能掌握以及技术创新的过程中，培养对体育活动的兴趣，从而激发学生在体育教学过程中的自主性，坚定学生的意志。部分教师在制定“快乐体育”这一教学目标时，将其异化为随意性的教学，对学生缺乏科学的管理，对学生过度放纵使得学生缺乏集体感，对学生过度赞美使得学生缺乏正确的自我认知。快乐教育强调的是培养学生的兴趣，使学生在轻松愉快的环境中学习体育的相关知识，潜移默化地促进教学目标的落实。因此，体育教师在制定教学目标的同时，要正确理解"快乐教育"的思想，并将其纳入体育教学的目标之中。

四、体育教学目标设置的依据

制定科学、合理、有效的体育教学目标需要参照一定的依据，才能保证教学活动的正常开展和实施。设置体育教学目的的依据还可以起到一定的监督作用。比如，它可以有效地约束体育教师制定教学目标的明确方向，以及保证教学目标的合理性和现实性。就目前的发展来看，我国高校在设置体育教学目标时主要有以下几方面的依据。

（一）国家的教育方针和政策

国家的教育方针与政策是设置教学目标的前提和根本依据。国家的教育方针与政策是我国社会现阶段发展中对体育教学的总要求。只有建立在这一基础之上制定的教学目标，才更符合社会实际的需求，具有最大的现实价值。无论是体育教学的总目标和还是各个层次的具体目标，都必须符合国家教育方针与政策，这是实现教学总目标和各阶段体育教学目标的科学性和有效性的基本保证。

（二）符合学生身心发展规律

在明确的政策与方针这一基本前提之后，接下来最重要的因素就是教学的主体，即学生，他们是教学活动的实施对象，是教学活动中最重要的组成部分。因此，在制定体育教学目标的时候，为了保证所指定的教学目标的科学性和有效性，应该以学生的身心发展规律为主要依据。每一个教学目标都要与学生的自然发展规律相一致。体育教学本身就是一门十分复杂的学科，实践活动也异常丰富且要求严格。如果教学目标的制定脱离了学生身心发展的特点，那么也就无法真正贴合教学过程，从而失去其意义。

学生的身心发展具有普遍的规律，但是同时也存在着一定的个体差异，这是生物体的自然现象。因此，需要提出的是，要求符合学生身心发展的自然规律，也包括了对不同个体特征的尊重，要充分理解每一个人都是独特的存在这一基本前提。因此高校在设置体育教学目标时，要具有一定的灵活性，使其可以容纳大多数学生的发展需要，而避免制定出刻板僵硬的体育教学目标。

（三）体育教学的客观条件

体育教学是一门实践的课程，在教学环节中，客观条件将起到重要的支持或者约束作用。因此，在设置体育教学目标时，应该充分考虑不同地区、不同地域、不同经济水平等客观因素。只有将客观条件因素都考虑周全，才有助于正常、顺利、完整地实施体育教学目标。可见，体育教学的客观条件既是保证体育教学目标完成的基础条件，同时也是制约体育教学目标完成的重要因素。我国面积辽阔，人口众多，而且无论是地理环境与经济条件都存在着较大的差异，每个地区的发展情况都有所不同，地域之间的气候条件也明显不同，因此，教学目标的制定也应有所区别，允许存在一定的差异。比如，在一些经济发达地区，教学设施会相对较好，教师队伍的整体水平也相对较高，对于这些地区可以将体育教学的目标设置得相对高一些，要求更加具体一些。而对于经济文化发展偏落后、教育资源也相对匮乏的地区，则应该适当地降低标准，以发展“三基”为主要教学目标。

（四）符合社会发展的需要

高校的体育教学的重要目的之一，是为社会培养德、智、体、美全面发展的高素质人才。因此，在设置教学目标时，要紧紧围绕社会的发展需要而进行组织和安排。学生在学校接受的一切训练都是为了让他们获得实实在在的能力，将来进入社会可以更好地发展，获得更大的施展空间，成为一个对社会有价值的人。因此，应该根据社会的发展需要制定体育教学目标，要与时俱进地开展教学，保证教学的质量，提高学生的社会适应能力。如果在制定体育教学目标的时候没有围绕这一因素进行，那么学生将来进入社会后有可能不能适应社会发展，出现一系列的社会适应障碍，甚至面临提早被社会淘汰的尴尬局面。因此，社会发展的需求是体育教学目标制定的重要依据。

（五）教学内容

教学内容是体育教学过程中的参考，也是体育教学工作者制定体育教学目标的依据之一。教学目标的制定是为了保证实现教学目的，教学内容是教学过程的依据，因此教学内容也理所当然成为教学目标制定时的依据。如果教学目标脱离了教学内容，那么教学目标就失去了实现的可能，不仅会使教学的方向发生改变，同时还会给教学带来一定的困扰。

五、体育教学目标设置的方法

（一）设置教学目标的基本原则

1. 不脱离体育教学场景

体育教学需要在体育教学场景内实现，脱离了教学场景，那么很难实现相应的教学目标。体育教学场景包括体育知识、技能、战术等内容，也包含教学组织、教学场地、教学人员等元素，只有保证教学场景处于健全、健康的前提下，教学目标的设置才具有意义，如果教学目标失去场景性，那么教学目标则很可能会成为空谈。

2. 目标应包含努力因素

教学目标是指引学生学习活动的方向和预期，因此，教学目标应该包含努力的因素。如果体育教学目标设置在学生无需努力就能轻松获得的水平上，那么教学也就失去了存在的意义。因此，在制定体育教学目标时，一定考虑到学生的努力因素，应为努力因素做出适度、合理的预期，为努力留有一定的空间，让学生通过一番努力最终达到设定的学习效果，这样才能对学生起到激励作用。

3. 目标的灵活性

教学目标是对教学活动的指引，具有一定的方向性、层次性、可操作性、系统性等特点。与此同时，教学目标应该是合理的、科学的，这就意味着体育教学目标必须是能够提供多个途径和多种渠道完成预期教学效果的，但是如果一个教学目标不具有这种可选择性，那么它就不是一个合理的教学目标，不利于学生的体育教学和身心发展。

（二）了解目标的两类表达方式

体育教学目标具有两大类表达方式，它们分别如下。

（1）在实施教学之初，就明确地告诉学生学习的目标与预期分别是什么。尤其适用于知识性目标和技能性目标。通过让学生了解到即将要学习的知识和技能，可以让学生对自己未来的学习方向有了基本的设定，这些认识可以指导学生的学习行为，也有利于学生投入学习过程中。

（2）通过描述参加运动可能会感受到的情绪与体验，如情感态度和价值观等，向学生描述体育运动的情感目标，这能够培养学生特定的意识和能力。

（三）探析教学目标的表达方式

1. 目标表述四要素

目标表述的四要素分别是行为主体、行为动词、行为条件和行为程度。这是在进行目标表述时的常用语言，合适的表达方式能够提高目标的严谨性，也保证了教学目标的科学性。

2. 明确行为主体

教学目标的行为主体是学生。因此，在制定教学目标时，应该充分地考虑到学生的主体性，应该从学生的角度出发，明确教学目标的指向性。比如，恰当地改变表述方式，使教师、学生都能明确地理解教学目标针对的是学生而非他人。

3. 恰当使用行为动词

行为动词决定了行为主体在实施学习行为时，能够增强对学习过程的可操作性、可测量性和可观察性，也有助于加深学生对学习行为理解的层次性，因为行为动词所表达的不同层次，以及教师对不同内容的教学要求，都会受到行为动词的影响。

4. 明确行为条件和行为程度

行为条件和行为程度对学习行为的影响至关重要。在设置体育教学目标时，要对目标产生的条件或者界限进行说明，同时也要对教学行为所达到的程度进行说明。需要指出的是，由于学生之间的差异性较大，在教学目标的描述中可以使用一些表示教学程度差异性的词语，以便更好地指挥教师进行教学，引导学生进行学习。

六、设置体育教学目标时遇到的问题

如前所述，体育教学是一门复杂的学科，在设置教学目标时存在着很多现实的困难，它们分别体现在如下几个方面。

（一）课时教学目标内容较随意

就目前我国高校体育教学的课时目标的设置来看，无论是对教学内容的表述还是对技能的描述，都存在目标行为意图不明确的问题。这些问题直接妨碍了教师在日常教学中的教学管理和行为指导。有研究显示，在制定课时教学目标时存在的问题如下。

（1）在设置课程目标之前，没有对课程内容及相关因素进行全面的研究和分析，而是机械地设定了一些课程目标。

（2）课程目标在设置时缺乏系统性和整体性思维。尽管课程目标有较大的灵活性，但是有些教师在制定课程目标时过于随意和草率。

（3）课程目标设置时缺乏合理性，在实施时则不会给予足够的重视。因此，很多教师在教学中并不按照教学目标进行教学，使课程目标形同虚设，导致教学行为混乱，破坏了体育教学的整体性和系统性。

（二）单元教学目标内容较空洞

单元教学目标是由若干课时教学目标组成，良好的单元教学目标能够保证教学过程的一致性和完整性。单元教学目标目前主要存在的问题如下。

（1）最典型的问题是我们的体育教师在设置单元教学目标时，课程标题与课程内容不能完全匹配。单看单元教学目标的标题，似乎具有一定的科学性和完整性，然而相应的单元教学内容却敷衍潦草，较为空洞。

（2）由于教师专业水平以及表达能力的欠缺，导致教师在设置单元体育教学目标时，不能保证知识和技能的完整性和全面性。

（三）学年教学目标脱离实际

学年教学目标是学生一个学年的整体目标，也是考核教师在本学年的工作任务和工作绩效的重要评价因素。但是现实情况还存在较多不足，就当前的体育教学情况来看，学年教学目标的设置存在以下几点问题。

（1）目标脱离教学实际。由于体育学年教学目标的内容较多，于是会出现教学目标与教学实际不符的现象。

（2）目标缺乏操作性。由于学年教学目标本身就是一个指导性和概括性的目标，因此，在操作性方面存在较严重的问题。现实情况是学年教学目标往往只是一种美好的愿望，具体实施起来，有很多不切实际的地方。

体育是一门对实践性要求较为严格的学科，同时在教学的过程中需要各种器械的辅助。而现实中很多情况是有些体育教学目标很难落地，因为它超出了学校的实际能力，没有相应的设备或者场地，空有教学目标也是枉然。导致教学目标没有可操作性的主要原因，是设置教学目标的教师没有充分地考虑到现实因素，也没有秉持负责任的态度，只管提交了文本层面的教学目标，而不顾实际操作的可行性。

第二节　高校体育教学方法的选择

体育教学方法是体育教学实施过程中的主要手段和途径，也是衡量体育教学质量和效率的标尺。因此，在对体育教学进行研究和管理的时候，对体育教学方法的研究将是重要的内容。

一、体育教学方法概述

（一）体育教学方法的概念

体育教学方法是教学方法的一种，而教学方法是指教师和学生为了实现共同的教学目标，完成共同的教学任务，在教学过程中运用的方式与手段的总称，它包括教师的教法和学生的学法。在体育领域，学界在研究的过程中对体育教学方法给出了不同的解释,目前还没有一个统一的定论。但是从本质上看,体育教学方法能直接反映出体育教学的现状,它与教师的专业水平、教学水平,以及学生的接受能力和基础能力直接相关。由于体育本身就有很多种教学方法,难以分出孰优孰劣。每一种方法还包括很多不同的实施方法,因此,研究体育教学方法的概念需要从几个层次进行。

(二)体育教学方法的层次

界定体育教学方法概念的重要前提,是先理清体育教学方法的层次。这样可以很好地应对当前体育教学方法概念混乱的情况。体育教学方法的层次体现在以下几方面。

1. “教学方略”上的层次

“教学方略”上的层次是指体育教学方法中的指导思想。主要是帮助体育教师对学科专业和教学技能展开思考、研究和实践。“教学方略”主要体现在对单元课程的设计上,是由提问法、组织讨论法、总结归纳法、实地测量法等多种教学手段组成。

2. “教学方法”上的层次

“教学方法”的层次就是教学技术,它是狭义上的教学方法,是体育教师使用的某种具体的教学方式和手段。这一个层次上的教学方法主要是基于实现某种教学目的而进行选择的结果。

3. “教学手段”上的层次

“教学手段”则是指体育教师在教学中采取的某种教学行为方式,主要是通过某种教学工具的使用保证教学方法的效果的实现,它主要体现在某一个具体的教学步骤或者教学环节上。

(三)体育教学方法的分类

1. 以语言为主的教学方法

(1)讲解法

讲解法是指教师在体育教学过程中运用生动的口头语言向学生讲

授体育运动相关知识的一种方法。讲解法是一切教学的基础，能够有效地帮助学生在较短的时间内理解和掌握基础的体育知识和技能。语言是人与人之间最主要的沟通交流方式，因此也是学生最习惯、最擅长的接受信息的途径。教师应该充分利用语言交流的功能，努力把体育教学中可以通过语言传达的信息，经过巧妙的组织，以生动、简洁、快速、好理解的方式传递给学生。同时需要注意的是，体育毕竟是一门实践课，教师的讲解应尽量做到精炼和准确，然后让学生通过更多的实践进行体会和练习，这样才能达到较好的教学效果。

（2）问答法

问答法是在讲解法的基础之上发展而来的一种教学方法，它的优点是便于激发学生的学习主动性和参与积极性，以及培养学生的思辨能力、语言表达能力等。

（3）讨论法

讨论法是在讲解法和问答法之上，进一步扩大教学空间的一种教学方法，它给教师、学生以及课堂更大的自由度。讨论法主要是在体育教师的指导下，以班级或小组为单位，围绕某一核心问题进行讨论，让学生自由发挥自身的各种能力，从而促进学生积极、主动地参加到教学活动中来，并逐渐地适应主动提出问题、通过讨论与思辨寻找解决问题的方法这一学习模式，这是学生作为学习主体的体现，是一个循序渐进的过程。讨论法有利于增强学生的合作精神和集体主义精神，还能训练他们的人际交往能力、影响力和领导力。但是，在体育教学中，讨论法是一种辅助的教学方法，无需过度使用，因为讨论并不能实际增长运动技能。因此，教师要把握好讨论的时间和范围，以确保充分发挥讨论法的积极作用。

2. 以感知为主的教学方法

体育教学方法中常常会借助学生的感知功能进行教学，这里的感知主要是指视觉和听觉，因为在运动实践中，有大量的视觉参与环节，无论是对自身技能的掌控还是对对手的观察，都离不开眼睛的观察和耳朵的听觉的参与。另外，由于借助感知的教学方法更加直观，所以在体育教学中颇受欢迎。

（1）示范法

动作示范法是教师在对学生教授某种技术时，为了能让学生清楚地了解技术的要领，而亲自做出示范的教学方法。动作示范法的优势是直接快速地向学生展示动作特点和技术要领。并且，示范法还会因教师优美流畅的动作而激发学生的学习兴趣。

（2）演示法

演示法是指教师通过各种教学工具直观地向学生展示运动技术和方法，通过增强学生的感性认识而提高学习效率的一种方法。演示法可以理解为是示范法的延伸，是一种十分重要的教学方法。

3. 以练习为主的教学方法

以练习为主的教学方法是指通过身体锻炼和练习，让学生逐渐掌握和巩固某种运动技能的教学方法。在体育教学实践中，以身体练习为主的教学方法有分解练习法、完整练习法和领会练习法等。

（1）分解练习法

分解练习法是指将原本复杂的一套完整的动作拆分成几个相对独立的部分，然后针对每一个部分进行练习的方法。分解练习法的好处体现在两个方面。一方面，从技术难度的角度看，通过分解动作可以降低技术难度，便于学生的掌握和学习；另一方面，从心理接受的角度看，也提高了学生学习信心，很好地避免了畏难心理。在具体的实践中，应该注意分解的科学性与合理性，分解后仍然不破坏原有动作的构成。比如，我们观看一场 NBA 的比赛的话，会被篮球明星出神入化的高超技艺所深深折服，但是这并不能提高我们的球技。需要将连续的动作进行分解，才有利于学生的学习。一般而言，在教学中教师会分解为传球、投篮、运球等动作，这样能够将复杂的运动项目具体化、简单化。然后再针对每个环节进行练习和提高，直到最终能够掌握一套完整的技术，打出一场精彩的比赛。

（2）完整练习法

完整练习法是与分解练习法相对的，是指对整套动作进行完整的练习。完整练习法适用于一些技术难度低、易于学生在脑海中形成完整的动作概念的项目。如仰卧起坐、跑步、跳绳、俯卧撑、举哑铃等运动。

（3）领会练习法

领会练习法是指通过语言、文字、图片或视频等多种信息传递方式对某一项运动做讲解，目的是帮助学生形成一个概括性的认识。这种教学方式是在学习一项运动之初，就把该项目的所有特征都展示给学生，有助于学生从整体上认识和了解该项运动，从而对今后的学习和练习有了大致的概念。一方面，这可以提前激发学生的学习兴趣；另一方面，学生可以根据这一整体性认识来决定该项目是否符合自己的兴趣和个性，从而做出是否继续学习的选择。

二、体育教学方法的选择和运用

由于体育教学方法种类繁多，体育教师在教学过程中，为了达到最佳的教学效果，针对不同教学目标和教学内容，需要选择不同的教学方法。因此，教学方法的选择也是教学活动中的一个重要组成部分。很多时候，它也是提高教学质量的关键因素。因此，体育教学方法的选择是贯穿每一位体育教学工作者职业生涯的重要议题。就目前的体育教学而言，体育教学方法十分丰富的，再加上现代教育技术的不断引用，不断有新的体育教学方法被开发和运用。因此，在体育教师的教学实践中，能够正确地选择恰当体育教学方法，是衡量教师教学水平和教学质量的重要因素。

（一）选择体育教学方法的依据

体育教学方法的选择是体育教学中的第一个内容。因为，在教学方法众多的前提下，能否准确选择最恰当、有效的教学方法是决定教学效果好坏的关键。选择恰当的教学方法应该是每一位体育教师必备的基础能力之一。然而现实情况却并非如此，很多教师在选择教学方法时显得过于草率，显然是因为缺乏一些必要的理论和行为依据。因此，通过大量的研究，我们对选择体育教学方法所需要的依据进行分类，主要可分为以下几种。

1. 根据教学目的和教学任务选择

不同的教学目的和教学任务，需要采用不同的体育教学方法，这是选择教学方法最基本的依据。比如，教学目的是向学生介绍一些体育运动的知识和要求，就可以选择“讲解法”；如果是教授一些运动技巧就可以选择“示范法”或“演示法”；如果需要学生进行练习就要选择“练习法”；如果想锻炼学生的竞争意识可以选择比赛的方法。因此，在教学过程中对教学方法的选择应该是十分灵活的、应变的，应根据具体的教学目的和教学任务而随时做出合理的选择。

2. 根据教学内容的特点选择

不同的教学内容之间可能存在着很大的差距，因此要选择不同的教学方法才能很好地实施体育教学。在教授较复杂的技术如游泳、滑冰、跳高、体操等内容时，可以选择分解教学法；而进行诸如跑步、投掷、跳跃等连贯性较强且动作较短促的项目的教学时，可选择完整教学法；而对于技术要求较严格的球类项目，可以选择领会教学法。因此，根据教学内容选择教学方法是教学中最为常见的情况。

3. 根据学生的情况选择

在选择教学方法时，根据教学主体也就是学生的实际情况来做出选择也是十分重要的依据之一。选择最贴近学生当前实际水平的教学方法，要考虑到该方法是否符合学生的发展特点、是否有利于学生的理解和接受等情况，包括参考学生的年龄、发育情况、心理承受能力以及智力水平等，从以上这些实际情况出发进行选择，对促进学生的知识技能水平的提高具有显著的效果。

4. 根据教师的情况选择

作为教学方法的实施者，教师的自身情况将决定着教学方法的实施效果。再好的教学方法，如果由于教师自身的条件和能力而影响其发挥该有的功能时，那么也不是一个正确的选择。教师的自身素养对选择教学方法也具有决定性的影响。因此，从教师自身出发也是选择教学方法的依据之一。比如，如果教师思维敏捷和语言表达能力强，那么在同等条件下可以优先选择“讲述法”；而运动技能较强的体育教师，可以多选择“演示法”和“示范法”。当然，根据教师自身的情况而选择教学方法，其排序要在以上三种依据之后，即必须在符合教学目的、教学内容以及学生的接受能力的基础之上，再考虑教师的自身情况进行选择。

5. 根据教学时间和效率选择教学方法

每一种教学方法的选择，都还涉及教学效率的问题。因此，在选择教学方法时要选择能够带来最佳教学效果的方法。比如，每一种教学方法的所需的教学时间、效率高低等问题。一种最佳的教学方法应该同时满足目的、内容、学生、教师以及教学效率的完美匹配,最终实现教学效果的最优化。

（二）体育教学方法应用的原则

在体育教学实践中,由于体育教学的复杂性和教学方法的丰富性,仅仅掌握教学方法的选择依据还不能完全涵盖所有的情况,因此,还要掌握选择体育教学方法的原则。只有这样,才能灵活应对教学中的实际情况。因此,体育教学方法的选择和应用应该严格遵守以下四项基本原则。

1. 目标性

教学方法是为实现教学目标而服务的,在选择教学方法时,目标性是第一原则。比如,首先应该清楚教学目标是什么,其次,要考虑这种方法能够多大程度上实现这一目标,或者,哪个方法可以更好地达成目标。总之,要把教学目标放在首位,才能保证在教学方法的选择上、教学实施中始终不会偏离教学目标,才能保证教学的质量,才能顺利完成教学任务。

2. 有效性

教学方法的有效性应该在选择的时候就进行了预期和评估。有些教学方法本身就较为复杂,需要花费大量的时间,有时候甚至会占用部分实施教学内容的时间,那么这种教学方法就失去了有效性,不利于教学活动的顺利开展。例如,教师在指导学生进行跑步训练时,选择了大量的多媒体教学方法,通过让学生观看大量的优秀运动员的动作回放和分析来提高学生的跑步技巧,而影响了学生进行实践与锻炼的时间,这就是不当的方法选择。这是因为,跑步是一种较为简单的运动,首先需要建立一定的实践基础,然后再在这一基础之上进行提高和纠错,才会提高教学效率。如果一开始就把大量的精力放在高级技巧上,显然是舍本逐末的行为。而把握好有效性原则,就可以避免做出不当选择。

3. 适宜性

每一种体育教学方法都有其相适应的教学环境和对象群体。在选择教学方法时，除了要考虑目标性、效率性之外，还要从多个角度考虑方法的适宜性。

第三节　高校体育教学模式的设计

一、体育教学模式的概念

在一定的教学思想的指导下，以丰富的教学实践经验为基础，完成特定的教学目标和内容，形成较为稳定的教学结构理论模型和实践活动方式就是体育教学模式。有人常常将教学模式与教学计划相混淆，教学计划是指比较具体的、有较强操作性、缺少理论色彩的一些教学规划。而相对的，教学模式则具有更强的理论性和概括性，并且更具指导性而非操作性。教学模式是各种类型教学活动的一种基本结构和框架，是在一定教学思想和理论指导下建立的策略体系。

体育教学模式是教学过程和相应的教学方法，主要体现在体育教学设计和实施上。体育教学模式由三个基本要素构成：教学指导思想、教学过程结构和相应的教法体系。

二、体育教学模式的特点

教学模式由于其内容和组合方式的不同，以及适用情况和使用范围也不尽相同等原因，而呈现出多样性、差异性、整体性、稳定性、指向性、探索性和评价性等特点。

（一）指导性

教学模式是一定的教学理论或教学思想的反映，对教学行为规范具有一定的指导性。由于教学理论非常丰富，因此不同的教学理论会形成不同的教学模式。比如，在行为主义心理学理论指导下形成的教学模式为程序教学模式；而相应的在认知心理学理论指导下形成的概念获得模式为组织概念模式。不同的教学模式在教学活动中的侧重会有所不同。

总之，只有明确了教学指导思想和理论基础的教学模式才更加稳固和完善。因此，教学思想及理论基础决定了教学模式的指导性属性。

(二)操作性

在教学模式中有较强的逻辑步骤，它规定了教学活动的特定程序，对教学实施有具体的顺序要求，先做什么、后做什么都有一定的逻辑顺序，而且具有明显的时间性和可操作性等。比如赫尔巴特的教学模式分为了解、联想、系统和方法；杜威的实用主义教学模式分为情景、问题、假设、推理和验证。这些明确的规定，都为教学目标的实施形成了可操作性的属性。

(三)稳定性

教学模式是在多种理论以及教学思想的指导下逐渐形成的，而且一般都经过了多年的教学实践的验证，具有较强的普遍规律，因此具有较好的稳定性，不易更改。一个新型的体育教学过程结构的确立，建立在体育教学模式的基础上，具有一定的稳固性。教学模式的特点就是在一般情况下其基本程序和主要环节都不会发生太多变化，如果因为面对不同人群就发生了很大的变化，那么说明该教学模式并没有真正地建立起来，还存在着许多不稳定的因素没有解决。

但是需要指出的是，教学模式是与时代以及社会、政治、经济、文化等的发展息息相关的，所以也会受到以上这些因素的影响。但是在一般情况下，这种影响也是长期的、缓慢的，不会破坏教学模式的稳定性属性。教育的发展水平受到教育方针和教育目的的制约和限制。

(四)整体性

教学模式并不是单一的教学方法、程序或者策略，而是由理论依据、教学目标、操作程序、实现条件、教学评价等构成的有机整体，具有强大的系统效应。教学模式体现了教学过程中的某个方面，展示了教学过程中各种因素之间的动态关系，从全局上把握教学过程的始末，具有完整的特点。并且，体育教学模式的形成即意味着对教学程序的整体优化，如果仅仅在局部做出改变，那么效果有限，也不会形成一个完整的、科学的体育教学模式。

（五）多样性

教学模式在理论与教学思想上形成了严谨的逻辑关系，对教学活动和行为具有强有力的指导性。但是与此同时，教学不能模式化，不能用唯一代替多样。教师应该根据教学目标，依据教学模式的框架，根据自身的现实情况、物理条件、学生的接受能力、具体的教学环境等因素，对教学模式的具体内容做调整和补充，这就使教学模式的多样性得到体现。

（六）评价性

一种成熟的、科学的教学模式，除了包含指导思想以及理论支持之外，也会具有相应的评价体系。评价的内容包含教师对教学模式的理解程度、教师的参与程度、教师的实施程度等。除了对教师的评价之外，也有对教学系统的评价、教学效果的评价、学生的反馈评价等，这是一个科学的、完整的教学模式应具有的属性。

三、体育教学模式的设计

（一）前期分析

前期分析是设计教学模式的首要任务，是指根据高校体育教学目标、内容、环境等进行综合性分析。在遵循学生认知规律和知识逻辑体系的前提下，可根据学习内容的关联性，勾画出总体目标与子目标的结构图，罗列出体育教学的理论知识与实践内容，进而确定体育教学的结构、深度与广度，具体计划教学内容中的教师该教什么，学生要学什么等。另外，还要重点分析学生的身体素质、运动能力及心理接受能力，由此来确定行之有效的教学模式和内容体系。

（二）学习环境设计

教学活动离不开教学环境这一重要因素。有研究表明，除了教学目标、教师以及教学内容以外，教学环境也会对学生的学习动力、学习积极性等主观因素产生重要的影响。教学环境的设计还应该包括信息资源、认知工具、任务情景等软硬件资源，教师应创造性地将上述资源设计到特定的情景之中，根据一定的体育教学需求，定制与教学主题相关的任务情景，还要努力做到符合学生的年龄特点和兴趣点，以便学生能够更加投入其中，从而促进学生的发散思维、思辨能力以及创造力的激发和训练，并驱动其进行自主学习，达到自主构建知识体系的目的。

第四节　高校体育教学评价的完善

一、体育教学评价概念

体育教学评价是以体育教育为对象，对教育效果进行的价值判断，即根据教学目的对体育教育过程及教学效果进行判断，以提供体育教育的反馈信息，改善和优化教育活动的过程。体育教学评价是实现激励、竞争、协调、控制、管理等各方面功能的过程，其目的是为制定科学的体育教育决策和更好地发展体育教育提供依据。体育教育评价对教育活动的发展变化及构成因素所进行的检查和评定具有积极意义。

二、体育教育评价的基本特征

（一）全面性

体育教育评价是一种特殊的综合检查和总结活动，它是一项有组织、有计划、有目的的综合性活动，是对体育教育及其过程进行全方位、多角度、多层次的一种检验、反馈和调控活动。体育教育评价几乎涉及体育教育的所有方面，包括体育教育管理、教学目标、教学模式、教学方法、体育教育环境、体育教育条件、体育教育效果、体育教师的实施、学生的反馈以及组织、实施等全方面的评价。

（二）指导性

体育教育评价是按照一定的教育目标，确定一定的标准，通过对教育实施过程中的监督和记录，再根据体育教育目标和教学效果存在的差异，以及造成差异的具体原因或各种影响因素进行分析与判断，最终形成的结论将作为后续体育教育发展和改革的重要依据。它能明确地反映出体育教育的评价理念、发展趋势、方法和措施等，引导体育教育的调节、改善和发展，对教师及其教学活动都有直接的指导意义。

(三)综合性

体育教育评价的过程既是测量教育效果的过程，也是对各种评价信息进行研究的过程。在评价过程中，根据评价的标准和目的，用一系列的手段和方法采集、整理和分析信息。由于不同的意识形态和价值判断标准，人们必然会对这些研究信息产生不同的看法和观点，这能进一步地推动人们去进行深入思考、分析和探讨，从而可以有效地促进体育教育的研究与发展。

(四)全体性

体育教育评价往往是一项多方参与的群众性的工作，具有鲜明的动态性和差异性，需要评价者与被评价者之间相互密切合作，同时要动员与之相关的人员共同参与，共同参加检查、评估和总结，这样才会产生准确、全面、真实、客观的评价效果。

三、体育教育评价范围与内容

(一)对行政管理工作的评价

目前体育教育评价对行政管理的工作评价，主要体现在对教育领导工作的评估，它的核心是观察领导对体育教育工作的重视程度，是从根本上把体育教育放在学校教育工作的重要位置上，还是仅仅做了表明工作。对体育教育的全面重视应该从统筹管理的层面可以看出，是否在人力、物力、财力等各方面给予支持和保证，是否加大投入与监管。就学校体育教育而言，对体育教育管理工作的评价主要包含以下几点。

(1)学校是否有专人领导和负责体育教育工作。

(2)学校是否把体育教育工作纳入议事日程，并定期进行研讨与工作发展规划。

(3)学校对体育师资队伍的聘用、培养、管理是否建立了科学、严谨的制度。

(4)学校每年对体育经费的投入是否达到合理的比重，是否对必要的体育教学条件做好更新、优化与维护管理，包括但不限于体育馆、球场、操场、体育电教设备以及相应的体育器材等。

（二）对体育教师队伍的评价

体育教师队伍是学校体育教学的评价，包括对教师的专业背景、过往成绩、敬业精神、职业道德、教学能力以及年龄结构、性别比例、学历结构等进行全面的评价，争取客观地反映出体育教师的综合能力和胜任程度。比如，体育教师的业务水平是否与其年龄资历相符；是否积极参加各种在职培训和专业技能提升的学习活动；是否在本职岗位上有突出的贡献；是否具有优秀的科研水平；是否赢得学生的喜爱；等等。

（三）对体育教学工作的评价

对体育教学工作的评价主要围绕着教学计划的实施过程以及教学效果而开展。比如，教学计划是否如期落实，教学过程是否顺利成功，教学结果是否达到预期等。另外，还要考察教学过程中直接相关人如教师、学生以及间接相关人如家长等的反馈情况。还要考量与往期相比，教学工作取得哪些进步或者突破，做出哪些有贡献的成绩等；是否举办一些有积极意义的活动，比如组织优秀教师的公开课、教学观摩课以及教学研究成果讨论、定期的交流沙龙活动等。

（四）对体育场地设施的评价

对体育场地设施的评价包括：体育场地设施是否达到教学目标的要求，是否按照国家要求的进行配置，是否符合有关部门的安全要求，是否有专人管理和定期维护，是否满足举办大型体育比赛的要求，是否符合当地社区体育发展建设的要求，是否具备服务社区的能力。

（五）对学生学习效果的评价

学生的学习效果是教育评价的最核心部分，如果没有好的学习效果，其他都将成为空谈。因此，对学生学习效果的评价务必要科学、全面和客观，不可以唯成绩论，要以学生的运动行为作为客观检测指标。主要包括体质状况、运动能力、主动投入的时间、对集体体育活动的参与程度、体育锻炼达标程度、学习意愿和态度、运动技术的掌握情况、对比赛胜负的心理承受能力以及与同学的合作精神等。

（六）对课外及校外体育活动的评价

高校体育教学评价还有一项重要的内容，即课外以及校外体育活动的参与度、取得的成绩，以及是否具备一定的影响力等。高校的课外和校外体育活动的开展情况可以从以下几个方面进行评价。

（1）是否严格按教学计划使“两课、两操、两活动”得到合理的安排和落实而没被挤占，即每周2节体育课、每天做好课间广播体操和眼保健操、每周上好2节课外活动。

（2）是否定期组织学生进行身体锻炼或体育比赛活动、校运动会。

（3）是否做到保证学生每天1小时的体育活动，且体育活动的质量较高，它表现为在内容上有连续性、在形式有创新性、在情绪上有激发学生主动进行体育活动的效果。

（4）是否参加市、区、县级以上的体育活动的评级和竞赛活动。

（5）是否取得校外体育活动的优良成绩，是否培养出体育成绩突出的学生。

（6）是否组织学生参加社区体育活动或各种群众性社会体育活动。

（七）对体育科研能力的评价

对体育教育的评价不仅仅是对现有教学情况、教学过程和教学结果的评价，还应该包括对科研能力的评价。对高校和教师的科研能力的评价具体包括以下内容。

（1）是否定期举办公开课评比或优质课的评选活动，是否鼓励教师进行横向学习与纵向对比。

（2）是否在省级期刊杂志上公开发表相关的体育教学或运动训练方面的论文。

（3）学校对体育教研的投入程度，包括对相应信息资料的提供，对教师科研活动的支持、对科研管理制度的不断完善等。

（4）是否有明确、具体的教学研究与科研计划。

四、体育教育评价的原则

体育教育评价的原则来源于体育教育界多年的实践经验总结，是体育教育评价活动必须遵循的基本准则。正确运用体育教育评价原则可以起到督促和不断提高教育质量的效果，是实现体育教育目标的保证，是促进我国体育教育发展的重要动力。根据体育教育的规律和特点，在进行体育教育评价时应遵循以下原则。

（一）目的性原则

体育教育评价其根本目的是通过评价来提高体育教育工作的质量和效率，它揭示出体育教育工作中的优势和不足，但是肯定或者否定本身并不是目的，真正的目的是通过评价过往工作的成绩，并且及时地总结经验和教学，为日后的体育教育决策提供科学的依据。

可以说，不同的目的指向不同的评价、带来不同的效果。因此，在评价活动开始之前必须明确评价的目的取向。

（二）客观性原则

在进行体育教育评价的过程中，要保持评价的客观公正、尊重事实、有理有据，不能掺杂个人好恶，也不能脱离实际，努力维护评价的科学性、公正性和全面性，不能因个人原因带来丝毫的偏颇，从而影响体育教育评价的准确性。

（三）统一性原则

在进行评价的过程中，还要注意统一性的原则。由于体育教学评价涉及的范围较广、时间周期较长，因此要尤其注意统一性原则。比如，要保证前后评价是遵照一个评价标准。同时还要注意评价的连贯性，针对同一层次和水平的教育活动，在遵守统一的评价标准的同时，也要考虑到地区、经济、和民族习俗的差异，因此也不能僵硬地追求统一性，应该根据现实情况做出合理的调整。

（四）发展性原则

判定优与差、好与坏并不是体育教育评价的直接目的，而应是通过对整个体育教育活动效果的价值判定，优化教育过程，最终实现体育教育目标。体育教育评价应重视对评价对象提出改进意见和建议，并给予他们鼓励，关注其以后的进步与发展，而不仅仅是对当前状况的甄别。

五、体育教育评价方法

（一）相对评价与绝对评价

相对评价法是以被评价对象为集合，选取其中一个或若干个作为基准，然后对集合中的其他各个对象与基准进行比较，从而确定各个个体在这个集合中的位置。相对评价是一个相对标准，它反映的是个体在集体中的相对位置，需要注意的是，在该集合中具有较高的位置不代表在其他集合也能够表现优异。

最典型的例子就是，在跳高运动中取得优异成绩的学生，不代表在马拉松比赛中也排在较高的水平，因为这是两个集合，具有不同标准，离开集合的成绩则失去意义。

与相对评价相反，绝对评价法是以被评价对象为集合，但不考虑该集合的现状，在被评价集合之外重新确定一个客观标准，将评价集合中的各个对象与这个客观标准进行比较，从而判断各个个体与目标差距的一种评价方法。绝对评价相对比较客观，评价标准也不会因为评价对象的不同而发生改变。比如，在对学生进行体质测试时，用于对照评价的各种机能标准以及体育达标标准的各种标准值都属于绝对评价。

（二）个体内差异评价

个体内差异评价法是专注于个体纵向的比较，比如比较个体过去和现在的差异，或者是一个个体在若干侧面的评价。比如，比较一个学生过去和现在的成绩，或者是将学生的几个指标进行比较，考察确定其优点或不足。这种评价方法能充分考虑到个体的差异性，但它不与外界客观标准进行比较，也不与同水平的其他个体进行比较，主要用于衡量个体在一段时期内的发展，或者全面评价个体的综合指标。

（三）自我评价

传统的教学评价更多的是他人评价，而忽视了自我评价。他人评价主要靠客观观察和他人的主观判断，它的不足之处在于他人评价对显性指标进行观察，因此评价结果会具有一定的局限性。而自我评价可以更侧重对他人无法看到的隐性内容做出评价。比如对学习态度、学习动机、投入程度、心理状态等方面进行的评价，它涉及对学生核心意识形态领域各要素的评定，但不足之处是相对主观，缺少量化手段，也会因个体的情绪和判断水平而出现较大偏差，评价结果可能忽高忽低，不够稳定。因此，需要将自我评价与他人评价相结合，并在评价双方充分了解和沟通的情况下再进行评价，才能获得全面、真实、正确的评价结论，有助于提高体育课的教学质量。

（四）诊断性评价

诊断性评价是指在教学活动正式开始之前，对教师和学生的准备情况进行评价的方法。诊断性评价在高校的教学工作中通常是在入学后、学年初、学期初或是在进行某一项目的教学前进行，目的弄清楚学生的基础条件，从而可以为教学内容、教学方法、教学标准以及组织与管理的选择寻找依据，最终实现较好的教学效果。

（五）过程性评价

过程性评价指的是对教学过程的效果进行的评价，主要目的是对教学过程进行科学的观察、诊断和评价，及时发现它的积极性和消极性的因素。对积极性因素要进行发扬和加强，对消极性因素要进行干预和修正，目的是获得更理想的教学效果。过程性评价是对教师的教学和学生的学习给予最直接的反馈，有利于他们清晰地看到自身的实际表现，可以及时地与预期和目标进行对比和校正，从而调整不准确的认识和不理想的行为，重新形成更有利于实现教学目标的方法和行为方式。

（六）终结性评价

终结性评价是指在某一阶段的教学工作完成后，为判断其效果而进行的一次性的综合而全面的评价，以确定教学的最终水平和教学目标达成程度。它可以是对上一阶段体育教学所进行的性质评价，是对教学活动最终效果所进行的评定，并确认达到目标的状态。同时，也可以作为对下一阶段的教学和学习进行诊断性评价的依据。

（七）单项评价与综合评价

根据实际需要组织和选择一些具有代表性的具体教学或学习项目进行评价，有利于发现具体存在的问题和不足，并能有针对性地制定改进方案和措施。但是若仅仅进行干个运动项目的单独评价又可能形成片面和脱离实际的问题，这不利于评价的实施，也违背了评价的初衷。因此，应将单项评价与综合评价结合使用，以单项评价为基础和起点，以综合评价为目的和宗旨，有利于突出主要问题和矛盾，明确完善和改进的方向及目标。

（六）定性评价与定量评价

定性评价和定量评价往往需要同时进行。定量评价主要是以量化指标为依据的一种评价方法，能起到准确的区分和选拔作用。但仅仅有一定的绝对性数据还不够，它并不能真实反映学生的实际能力和水平，因而不具有现实意义。这就需要引入定性评价进行弥补和定性。特别是对隐藏各种心理因素做出性质判定，如学习动机是否强烈、学习态度是否端正、学习意愿是否充分等，只有将定量评价和定性评价相结合，才会得到更加具有现实意义的、可用于进一步指导教学活动的评价结果。

第四章 高校体育教育管理理论与方法指导

高校的体育教育管理是从根本上决定高校体育教学质量和效率的重要因素。体育教育的管理工作发挥着系统的、全面的和决定性的影响和作用，因此，必须把体育教育管理放在教学工作的首要位置。本章，我们将从管理理论和管理方法两方面着手，通过理论结合实际，以期对我国的高校体育教育管理做出全面的分析。我们将从高校体育教育的基本原理、高校体育教育管理的特点和内容、高校体育教育管理的方法三方面展开，希望能给教育界、体育界同仁以及教育研究者的工作提供一点助益。

第一节　高校体育教育管理的基本原理

高校体育教育管理原理是指在开展体育教育管理工作中要遵循的基本规律和法则,它是教育管理科学的基础理论。它主要研究的是教育管理过程以及教育管理的基本规律,主要包括教育行政管理、体育教学管理等。其基本原理涉及哲学、教育学、管理学和系统科学几大类。

一、人本主义原理

(一)人本主义原理的概念

人本主义是心理学的一个主要流派之一,它强调人的尊严、价值、创造力和自我实现。以人为本原理应用于管理学是因为该理论主张一切应以人的本性出发,而管理则是对人的行为、活动的管理。在任何一个管理系统中,人是活动的主体,而管理的目的就是最大限度地调动出人的主观能动性、积极性,使个人在组织中得到最大潜力,同时也为组织创造最大价值,实现双赢。因此,在高校的体育教育管理中,应该遵循人本主义原理,通过对人的管理,使教学、教师、学生以及学校的职能都发挥出最大的潜力。通过管理,促进学校不断地创造更好的教学环境和校园人文环境,激励教师充分发挥其育人解惑的基本职责,鼓励学生充分挖掘自身潜力实现学习与成长的最优化,充分调动和运用各方面资源,最终实现教育的效果最优化。

体育教育管理的根本目标是把人的身体素质、运动能力、心理承受能力、社交能力、影响力、团队协作能力等最大限度地激发出来并加以培养。

人本原理强调的是,在管理实践中要把人放在第一位,要着重突出人的价值和作用,通过管理方式加强对人的内在信念、情感和价值观的激发和调动,以及对人外在的行动、选择等进行影响和管理,从而形成最佳的管理效益。在高校的体育教育管理中,人既是管理的主体,比如校领导和教师，同时也是管理的客体，也包括校领导、教师和学生。经过科学的管理可以使参与其中的主体和客体都发挥出自身最好的状态，使整个高校内的教育系统形成良性的循环，彼此促进、相互影响，最终实现管理目标。

总之，人是整个管理的中心，一切管理工作都应以调动人的积极性、主动性和创造性为出发点，这是体育教育管理工作的重要理论依据。

（二）人本主义原理的原则

1. 能级原则

能级是现代管理中十分重要的概念。“能”指的是人的能力大小；“级”指的是管理体系和管理结构的设置要体现出不同的层次和工作内容。

管理中的能级原则是指为了使管理活动更加高效、有序、稳定和可靠，管理者需要在组织系统中建立相应的管理层次，同时设置相应的权利与义务，明确相应的管理职责、工作规范及标准、工作内容等，形成严密的组织系统，构成相对稳定的结构。

与此同时，管理者还要根据管理系统中各组织成员的特点、能力和基本条件，争取将他们安排在最能发挥其所长的位置上，使他们能在各自的岗位上充分发挥自己的能力和作用。

管理的能级原则要求合理地建立管理组织机构，正确地配置管理人员，从而形成有效的“管理场”，以更好地完成组织目标。在管理的组织结构中，一般是由决策层、管理层、执行层、操作层四个能级层构成。

在管理中，能级原则的运用主要体现在以下三个方面。

（1）按层次组成稳定的组织形态。

（2）每个能级都有相对应的权益。

（3）所有能级必须动态地对应。

2. 激励原则

人本主义原理下的激励原则是指对组织中成员多采用激发其动机的方式，在科学地了解个人的基本特征和特长后，通过合理的激励使其最大限度地发挥出主动性和积极性。激励原则是高校体育教育管理中的重要原则，通过建立一定的机制，鼓励教师或学生积极争取最佳成绩,并赢得肯定与相应的物质奖励,逐渐形成良性的竞争环境和自我激励的意识与习惯。激励原则在管理中具有极为重要的作用,它主要通过以下两个方面实现。

(1)对组织中成员的积极性进行分析。

(2)激励手段一般包括目标激励、奖惩激励、榜样激励、感情激励和反馈激励。

3. 动力原则

管理的动力原则是指管理者通过正确掌握管理动力源,运用有效的管理动力机制,来保证管理活动有序、高效、持续地进行,保证组织目标的实现。动力不仅能够让管理更加有效,同时也是一种制约因素。任何一种管理活动都需要有强大的动力支持,有力并且有效的动力才能使管理活动持续、健康地进行下去。

动力可分为物质动力、精神动力和信息动力。物质动力是所有动力的基础,也是最直接、持久、可以覆盖所有人的动力因素。比如,通过一定的经济手段激发人们的工作热情和积极性是非常有效的,也是被最广泛采用的一种激励方式;精神动力则是指以精神力量来激发人的积极性和主动性;信息动力是指通过增长知识、信息交流所产生的动力,包括激发性信息动力、知识性信息动力和反馈性信息动力。

二、效益原理

(一)效益原理的概念

通过尽可能小的投入或消耗获取最大的效益是现代管理活动的重要目标。管理的主要效能之一就是通过科学合理的手段使管理活动中各个环节、各项工作,都能获得更高的社会效益和经济效益。通过科学使用有限的资源,使其创造出最大的社会效益和经济效益,这是管理的根本目的。管理工作的最终目标就是为多快好省地实现管理的预定目标服务的。

(二)效益原理的原则

效益原理的原则是以“大价值、高效能、低耗费”作为管理工作的目标,并将这些目标落实到具体的工作中去。可以表述为以下几方面的内容。

（1）价值分析的基本目的是以最低的成本可靠地实现产品的必要功能。

（2）价值分析的核心是对产品进行功能成本总分析。

（3）价值分析是一种依靠集体智慧进行的有组织的活动。

在现代管理中，一般认为价值=产出/投入。因此，要想提高现代管理的效益来实现得到最佳经济价值与社会价值，它的基本途径如下。

（1）采用新技术、新方法，提高产出和绩效，降低成本。

（2）在产出和绩效不变的情况下，降低成本。

（3）在成本不变的情况下，提高产出和绩效。

（4）在产出和绩效略降的情况下，大幅度降低成本。

（5）在大幅度提高产出和绩效的情况下，控制成本，使其略升。

三、系统原理

（一）系统原理的概念

自然界和人类社会中所存在的一切事物都具有系统属性，存在着各种各样的系统。可以说，任何一个管理对象都是由若干要素组成的特定系统。按照整体目标的要求，管理系统中的各个要素按照一定的结构动态地组合在一起。在管理中，管理者可以把任何一个组织及其环境看成一个系统，而且每个系统又与其他系统发生联系。所谓现代体育教育管理的系统原理就是在管理活动中，运用系统理论，对管理系统对象进行分析，使整体效应最佳化，以实现组织的目标。

系统原理具有目的性、整体性和层次性三方面特征，内容如下。

（1）目的性。每一个系统都应有明确的目的，如果管理的目的不明确，必然会造成管理的混乱。

（2）整体性。随着现代管理系统越来越复杂，局部与整体有着复杂的关系与交叉的效应，两者的利益并不总是保持一致，一般而言是局部服从整体，追求整体的最优效果。

（3）层次性。所有系统都有一定的结构，而结构又都有层次性。系统能否有效地运行在很大程度上取决于系统层次是否清楚。每一个层次都应有各自的功能、职责和权力，只有在子系统不协调或发生冲突时，才需要上一层次来解决。

（二）系统原理的原则

1. 整分合原则

整分合原则是指在管理过程中必须整体规划并明确分工，在分工的基础上有效地整合各种资源和效益，最终保证整体目标的实现。

在具体的实践过程中整分合原则应注意做到以下几个方面。

（1）确立整体概念，扩大整体效应，以整体目标为最大目标。

（2）对整体目标的分解非常关键，科学、合理地分工才能保证目标的顺利实现。

（3）分工与协作相结合。通过分工与协作，发挥组织的强大功能，提升效率，使各个环节有序进行。

2. 相对封闭原则

相对封闭原则是指，系统内的管理手段必须形成连续的封闭回路，才能形成有效的管理。所谓的相对封闭，要做到以下几点。

（1）管理的组织机构要保持封闭。一个完整的管理系统由决策中心、执行机构、监督机构和反馈机构等管理手段组成。每个机构有各自的职能，相互之间形成连续的制约、监督和支持的关系，从而形成封闭的回路。

（2）管理中的人要保持封闭。管理中人的封闭主要体现在上层管理下一层级，下层对上一层级负责，并形成回路。

（3）管理中法规、制度要保持封闭。在管理中，要有一个尽可能全面的执行法，同时还要有监督法和反馈法，包括执行过程中产生的仲裁法，对执行发生错误的处理法，以及对执行结果的奖惩法等。

四、协调发展原理

（一）协调发展原理的概念

可持续发展是当今社会发展的重要发展趋势，同时这种概念也渗透到各个领域之中，对于现代教育管理，尤其是高校教育管理，也成为一项重要的教育管理的理论基础。协调发展的原则是坚持可持续发展的关键，对于体育教育工作来说，就是普及与提高、学校体育和竞技体育相互协调发展。协调发展既包含方法与目的相协调，也包含教育内容和相应比例的协调。比如，在高校体育教育管理中，要处理好普及与提高的关系，要协调好个性化发展与整体上符合社会发展需要的关系。总之，在体育教育管理工作中，需要将协调发展原理应用其中。

（二）协调发展原理的原则

在具体的实践中，还需要将理论高度概括为可以指导高校在体育教育管理中的现实工作，提高运用的可行性。协调发展原理的基本原则如下。

（1）协调处理普通学校体育教育与竞技体育发展之间的关系。对于普通高校而言，体育教育的根本目的是提高学生的身体素质，培养学生参加体育运动的意识、能力和习惯，而对竞技体育人才的发掘和培养属于相对次要的位置，但是为了发扬体育精神，可以做一些尝试性的布局。两者之间本来也不是绝对的对立、完全割裂的。学校体育与竞技体育是相互促进、相互渗透、相互依赖、不可分割的关系。这也是高校体育教育管理需要关注的地方。

通常情况下，我国竞技体育发展较好，并且在国际上成绩比较领先的项目，更容易引起学生们的学习热情，而优秀的运动员也会走进校园进行演讲、分享等，做一些运动推广和普及的工作。这些对进一步发展我国的竞技体育起到非常积极的推动作用，同时对不断提高学生的运动水平、改善身体健康状况都具有良性的促进作用。

（2）坚持“两点论”和“重点论”。“两点论”是指高校体育管理要同时兼顾学生的身体素质发展和竞技体育教育两方面，不能抓一个放一个，也不能轻视任何一个，只有将两项同时进行，合理协调、有机进行才会得到更好的教学效果。“重点论”是指高校的体育教育要始终把握好工作的重点，即以发展学生身体素质、培养终身体育的意识、能力和习惯为主。所有的工作都以此为重点。

“两点论”和“重点论”体现了高校体育教育管理的协调观和整体观，是体育教育管理要长期坚守的主要内容，是保证体育教育最终达到带领学生增强体质、促进其全面发展目标的良性循环。

第二节 高校体育教育管理的特点及内容

一、体育教育管理的特点

（一）广泛性

体育教育管理的内容十分丰富，主要包含体育教学管理、体育教育者管理、课外体育管理、体育物质条件与体育资金管理、体育教育科研成果和信息管理等。这些管理内容涉及体育教育的方方面面，对这些因素进行统一宏观管理、整合和调控，才能保证体育教育活动的正常运转。

（二）灵活性

在每个人必须接受的教育中，只有学校体育教育时间跨度最长，而且还要延伸至终身，因而体育教育对于不同年龄阶段、不同性别、不同职业的参与者来说，无论是体育教育的内容、运动负荷、方法与手段，还是参与的目的、要求和组织形式等，都会有很大的差异性和可变性，因此，体育教育管理的内容、标准、评价方法等也是复杂而可变的。

（三）整体性

体育教育管理着眼于对体育教育目标的实现，其管理效果对体育教育活动具有长期性和指导性。通过体育教育管理活动的开展，不仅能对体育教育的现状进行调节和控制，还能有针对性、预见性地对体育教育做出统筹规划，能够最大限度发挥体育教育各构成要素的作用及整体效益，使体育教育能持续、长久地发挥其对社会和人的作用。

（四）阶段性

学生是体育教育的对象。体育教育的管理与高校教育活动都具有一定的阶段性特点，会与学生的特点相适应，随着学生的发展而发展。它的主要表现形式为教学活动按学期或学年来组织安排，每个学期或者学年都有相应的目标和具体的教学活动，相互之间既有关联又相互呼应，每个阶段最终为实现整体目标发挥作用。

（五）方向性

方向性是指体育教育管理必须在贯彻党的教育方针的前提下，为实现体育教育总目标服务。因此，体育教育管理系统中各个层次的工作人员都要明确体育教育的基本任务是培养社会主义现代化建设所需要的"四有"人才，正确处理体育与其他教育活动之间的关系，并使之相互配合，以实现最佳整合效应。

二、体育教育管理内容

（一）体育教学管理

体育教学是体育教育活动中教师的教与学生的学相结合的活动，它是高校体育教育的核心部分，是实现高校体育教育目标的根本途径。体育教学管理是高校体育教育管理的重心，是按照体育教学的客观规律和特点，运用合理的管理手段和方法，对体育教学工作进行控制和监督的活动。对体育教学实施科学管理，便于充分发挥各种教学资源的优势和相互作用，为提高教学质量、实现教学目标提供保证。

1. 体育教学计划的管理

体育教学计划是体育教师根据国家对学校体育的相关规定和要求，结合所在学校的实际情况和教学需要而制定的教学工作文件。它是对体育教学活动的构思和设计，也是检查、评估教学质量的重要依据。对体育教学计划的管理主要包括对制定体育教学计划的管理，对体育教学计划实施的组织、监督和调控；对体育教学各种资源的规划和调配以及对体育教学计划执行程度和实施效果的监测和评估。

2. 体育教学实施过程管理

（1）课前准备

课前准备包括教师的课前准备，也包含学生的课前准备。体育教师上课前要做好充分的备课工作，它包括提前了解学生的整体情况，与学生进行沟通，比较了解学生的学习需求和性格特征等，进而使教学内容和教学方式的选择得到更加具体的参考。它可分为个人备课和集体备课两种形式。作为学生的课前准备，需要教师进行一定的引导和帮助，包括提供相应的资料和信息，要求学生做一些简单的准备工作，比如最常见的是提出一两个关键问题，激发学生的主动思考。

另外需要强调的一点是，体育教学是一种运动的、尝试性的、具有挑战意味的活动，因此教师还要在课前做好相应的安全措施和风险预案。

（2）课堂教学组织

体育教学是一种具有开放性特征的教育活动，教学过程比较活泼，同时也伴随着一定的危险因素，因此需要教师在课前做好准备和预案工作。并且在课堂教学中，也要加强对安全管理，这是保证体育教学顺利进行的前提。同时，教师对课堂教学的管理，即教学组织形式常见的主要有班级教学、分组教学和个别教学三种。但是随着对教育管理研究以及教育技术的不断发展，教学组织形式也在朝着多样化、综合化和个性化的方向发展中。以下选择较为常见也十分重要的组织行为做简单的介绍。

①班级教学

班级教学又称班级授课制，是学校体育教学组织的基本形式。它能提高单位时间的教学效率，较好地体现教师的主导作用，有利于体育教师对课堂教学进行组织与管理。虽然班级教学注重了效率，但在实施过程中教师对学生的统一性要求比较明显，不仅难以体现对个体差异性的区别对待，也不能使学生的个性、运动潜能得到较好的发展。

②个别教学或分组教学

个别教学的形式可以很好地体现人本主义的原理，根据学生的不同情况进行更有针对性的教学，可以大幅提高教学效率。教师根据学生的个人能力和特点进行针对性较强的教学指导，当然这不意味着一对一地单独教学，而是说根据学生的特点对相似类型的学生进行分组教学，这样使所有学生都能得到最好的关注和培养，能够充分激发出学生的最大潜能，切实做到区别对待、因材施教，但是这也提高了对教师的要求，增加了体育教学的难度。

分组教学可以分为同质分组和异质分组两种。同质分组是指按照学生的体能状况、运动技术技能水平或兴趣爱好等进行分组，使同一小组内的各成员在体能、运动技能以及兴趣爱好等方面有一定的相似性，相互间的差异较小。优点是能增强学生之间的竞争意识，有利于彼此的促进、尊重和协作。异质分组是体育教师将不同层次和水平的学生分成同一小组，使小组成员之间的差异性增大，但又保持各个小组间基本同质。优点是有利于不同体能、不同运动技术技能水平、不同学习能力的学生相互交流、相互学习和帮助，增加群体的多样性，使学生清楚自己在群体中的特殊性和差距，有利于学生健康心态的培养。

③课后复习

在教学结束时教师应对本次教学做出准确的小结，包括教学任务的实现情况、课堂纪律、学生的学习行为和态度、教学过程中出现的不良现象以及值得表扬的人和事等，并提出改进方法和要求。另外，组织学生归还器材、清理场地，及时记录学生的学习表现，作出自我评价，并积极听取他人意见。

3. 教学成绩考核管理

体育教学成绩考核管理主要包括对教师教学成绩考核管理和学生学习的成绩考核管理，它们一般可以由体育教研室、体育教师和学生进行评价和成绩管理。

（1）体育教研室对成绩考核的管理

体育教研室应根据体育教学计划和《课程标准》的规定，结合教师与学生的实际情况确定具体的考核内容、标准和评分方法，审订体育教师上报的考核实施计划和方案，对考核成绩进行审核和汇总、分析，建立成绩档案，及时上报学校教育主管部门。

（2）教师对成绩考核的管理

体育教师既是体育教学成绩考核的制定者，也是具体的实施者。体育教师应按照学校和体育教研室教学工作计划，认真组织各年级、班级的教学成绩考核，制定具体的考核办法，并熟悉考核工作的程序、方法和标准，在执行中要做到客观、公平、严谨。并建立自我教学成绩考核档案，及时发现教学过程中的问题和矛盾，认真总结、积极交流，寻求学校和其他教师的帮助，从而拟定改进措施、计划和方法。

（3）学生对成绩考核的管理

随着体育教育评价主体多元化的发展，学生也成为教学成绩考核的实施者。他们承担起对自己的学习成绩和学习效果的责任，因此有权利对体育教研室的组织与管理、体育教师的教学实施以及自身的学习情况进行监督和评价。在这一过程中，教师要起到指导和督促的作用，逐渐帮助学生形成客观、准确进行成绩评价的意识和能力，从而对日后的学习管理起到积极作用。

比如可以鼓励学生真实地分析自己在学习过程中的表现,并找到原因。能够对问题和不足进行合理的分析,找到相应的解决方案。同时,教师要指导学生建立自己的学习档案,对学习方法及学习目标进行系统的规划、调整和完善,从而培养了学生的自我监督、自我管理和自我评价的能力。

(4)对体育教材的管理

国家体育课程是由国家教育行政部门以我国国情为出发点,结合教育事业和社会的发展,充分考虑我国各地之间的差异后对体育课程进行总体规划,制订相关政策和制度,并对不同教育阶段制定了相应的课程实施标准和要求,提出具有普遍适应性的教学实施建议,以规范体育教育行为。同时,地方体育课程是在国家《课程标准》的指导下,以国家体育课程为基础和依据,制定适合本地区特点的课程类型、内容和实施计划。它能较好地开发本地的教育资源,体现出本地区的体育教育特色,以增强体育课程的地域适应性。

(5)对教学风险的管理

高校在体育教育管理的过程中,应该尤其提高安全教学的意识管理。应根据国家和地方的要求,建立健全安全教学规章制度,采取相应的措施预防和消除体育教学过程中的安全隐患。加强日常管理和维护,定期组织检查,及时更换和维修,确保体育教学设施、器材和场地等物质条件的安全性。

另外,在课前准备中教师应熟悉教学环境和条件,对教学过程中可能会发生的危险做出详细、全面的预测,并制定相应的处理措施。并且,体育教师应对学生进行经常性的安全教育,建立规章制度约束他们的不良运动行为,并培养他们鉴别运动环境的能力。在组织和开展大型文体活动时要配备专门人员进行随时的安全检查,且发现有过激动作应立刻制止,并加以纠正和教育。

(6)对意外伤害事故的管理

高校要建立起快捷、准确的伤害事故处理和管理机制,采取有针对性的保护和抢救措施。对轻伤者可就地请医务室的医护人员处理,对重伤者应做及时准确的急救,同时拨打120等救护车送医院救治。针对不同性质和程度的伤害事故,应向体育教研室、学校、家长或当地派出所通报,必要时请相关部门和人员进行具有法律效应的伤害鉴定,并对伤害事故发生和处理的过程做详细汇报。并且要在事后及时地对伤害事故全过程做出认真、全面的总结,并在全校范围内加强教育,防范类似事故的再次发生。

（二）体育教育者管理

体育教育者是体育教育实施的基本构成要素之一,是决定体育教育发展的重要内部因素。体育教师的水平、能力和综合素质是实现体育教育目标的决定性因素。目前,对教育者的管理主要体现在以下几方面。

1. 对体育教育管理者的管理

这主要是针对体育教育行政部门的领导或体育教育部门领导的管理办法,他们包括高校分管体育工作的专职或兼职行政领导、体育教研室的主要负责人等。因为他们将决定着或影响着高校体育教育的决策、实施和规章制度的建立等,具有指导性的意义。对他们的管理主要体现在其对体育教育工作的责任心和事业心的评估方面,以及一定的领导才能、敬业精神和教育管理能力和专业知识,并对此制定出相关的工作和管理制度。

2. 对体育教师的管理

对体育教师的管理主要包括教师队伍规划、人才培养和配备、教师的工作态度及能力、教师培训及对教师的考核和晋升等。对教师队伍的规划要有系统的、长期的、全面的规划,并且从年龄、性别、专业等几个重要方面进行合理的配置,保证体育教师队伍的持续稳定发展。另外,积极创设和提供多种形式对体育教师进行再教育和再学习,包括函授、夜大、网络视频教学、培训班、研讨班和讲座等,逐渐完善和健全对体育教师的评价和考核制度、内容、标准和方法,以此端正教学态度和思想,并通过参加相互学习和树典型等活动促进思想政治素质的提升。

（三）对物资和经费管理

这一项管理主要包括体育场地、体育器材和体育教学设备等,它们是体育教育实施的基本物质保证。对体育场地、器材和教学设备的管理能较好地提高它们的利用率、使用寿命以及整体作用,使体育教育能用最经济的成本换取最大的效益。任何单位或者个人不得侵占、破坏学校体育场地或者破坏体育器材、设备。

对体育场地、器材和教学设备的管理应做到合理规划构建,并挖掘和开发各种体育场地、器材和教学设备的潜在作用;建立完善的体育场地、器材和教学设备的使用规定和管理办法,安排专门人员进行日常管理和保养;合理布局,优化配备,提高物质条件的使用率;做好器材和教学设备的借出及归还登记,发现遗失或损坏可及时按规定要求赔偿或维修。

另外,根据学校规模的扩大速度和程度,以及器材和设备的正常使用磨损情况,进行定期清查并及时做出修复或补充计划,上报体育教研室和上级有关部门。加大正确、安全使用场地、器材和教学设备的宣传和教育,动员更多的使用者能自觉保护和合理使用这些物质条件。

(四)对科研成果和信息的管理

高校体育教育的科研成果和信息管理是持续提高高校教育水平的重要支持,因此需要在这方面加强管理。有效地开展各项体育教育科研活动并提高对科研成果的使用,加大体育教育信息渠道的建设和提高获取效率,都是其中的重要环节。具体而言,需要做到以下几点。

(1)建立科学的管理制度,设立专门的体育教育科研小组和信息收集部门,并在资金上给予支持,做到专款专用、专人专管,明确每个部门和人员的工作目标和职责,并加强相互之间的联系。

(2)根据自身优势,确定体育科研领域并制订体育教育科研计划。高校的管理层要划分课题并对科研小组布置具体的个工作。

(3)结合现代信息管理和统计技术、方法,加强对各种科研成果及信息的收集、分类、汇总、处理、分析、储备及传播、共享机制。

(4)及时做好体育科研成果和信息管理的分析工作,保持优势,弥补缺陷,完善发展,并定期做出详细和深入的汇报。

(5)配合使用物质激励和精神激励相结合的管理方法。

第三节　高校体育教育管理的方法

体育教育管理的基本方法，主要有行政管理法、目标管理方法、宣传教育方法等。科学的管理需要有力的、规范的行政方法和法律方法来支撑，需要灵活、合理的经济方法来保障，也需要思想教育方法来维持。

一、政策法规管理法

政策法规管理法是指运用国家对于开展体育教育工作所颁布的各种有关的法律、法规、法令、条例、决议、规章制度等实施管理的方法。体育法规具有强制性、稳定性等特点，同时也具有规范性和统一性的性质，它有利于维护正常的体育教育管理秩序，确保体育教育工作应有的地位，以促进各项体育教育活动的健康发展。比如《中华人民共和国体育法》《学校体育工作条例》《学生体质健康标准》《全民健身计划纲要》等。另外，国家体育总局颁布的《运动员技术等级制度》《裁判员技术等级制度》《体育运动竞赛制度》等对体育教育活动同样具有法规效力。

二、行政管理法

行政管理法是指通过有关部门发布指令、规定、条例等方式，运用行政组织和机构的职能与手段，对各种形式、性质、目的的体育教育实施宏观管理的方法。它具有权威性、指令性、强制性和针对性等特点，在高校的体育教育管理工作中具有组织、指挥、调控和监督的作用。

三、教育管理法

体育教育的最终目的是培养人才，因此对体育教育的管理也应以教育人才为主要目的。教育管理法通常是指通过教导、督促、提醒、劝说等方式，做到说服、教育，并根据教育对象的实际情况和所处环境，有针对性地采用不同的教育方式达到体育教育管理的目标。在高校的体育教学中，除了以上几个方式之外，还有身教言传、亲身示范等教育方法，它要求体育教师能够严格要求自身，为学生树立榜样，带动着学生不自觉地跟随体育教师一起开展体育运动。

四、目标管理法

目标管理法是指根据体育教育工作的有关规划及要求，结合教育对象和实施环境的实际情况，确定不同阶段体育教育工作的目标，并通过检查目标的实施情况和完成效果，进一步跟进、指挥、调控并不断实现目标的管理方法，这种管理方法比较适合于对体育教学、体育竞赛、课余运动训练和课外体育锻炼等活动的管理。目标管理法的优点是工作的开展、监督和考核都相对简单明确，具有较强的操作性。

五、奖励与惩罚

奖励与惩罚的管理方法是最常见、最有效的管理方法。在高校的体育教育活动中，它主要是对体育教育目标的完成情况以及过程的执行情况做出价值判断，并根据判定结果和实际状况给予不同的奖励或惩罚的方法。它是针对集体或个人在体育工作中做出的业绩给予肯定、表扬和奖励，以起到激励、表率、榜样、示范和推动体育教育工作的作用。而对于完成较差或出现错误的集体或个人给予批评、引导和相应惩罚，根本目的也是帮助、督促和改进。需要注意的是，在运用过程中应做到实事求是公平公正、公开透明、一视同仁，奖励与处罚一定要恰当才能取得其该有的作用并符合实际。

六、宣传教育方法

在高校的体育教育活动中，宣传教育管理方法主要体现为通过宣传和教育的方式，使管理层、教师、学生和后勤人员都能够围绕着共同目标而采取行动的方法。宣传教育方法是以人们对思想活动的发展规律的正确认识为客观依据的。在体育教育管理系统中，各项工作的进行都离不开采用宣传、交流、沟通、疏导和对比等教育工作方法，激发行政管理人员、教师的工作积极性和学生的学习积极性，以促进管理目标的实现。与此同时，宣传教育方法对其他管理方法的综合运用起着宣传、解释的重要作用。各种管理方法所具有的优点和缺点，都需要应用宣传教育方法，通过多种形式和途径向人们进行宣传、解释，使之能正确认识、客观对待、灵活运用，以便发挥它们的作用，提高体育教育管理整体功效。实践证明，我国体育教育各级管理所应用的各种方法或者所制定的各种法规、方针、政策和规章制度等实施效果的好坏，都同宣传教育方法的实施力度以及解释程度息息相关。

与其他管理方法相比，宣传教育方法具有的特点，主要有以下几点。

（一）先行性

宣传教育法的首要特点就是先行性。任何一种政策制度、方式方法的推行，首先都需要通过宣传和教育的方式做普及推广。通过采取合理的宣传教育手段，可以让管理者快速地、大面积地推广和宣传新的决策是发展计划。而在实施各项决策之前，宣传和教育还起到了彻底解释的作用，还能预测到人们可能产生的反应，并制定相应的宣传教育措施予以预防，从而强化其正面效应，抑制可能产生的不良效应。

（二）灵活性

人的思想是复杂多变的，引起人的思想变化的多种因素又往往交织在一起发生作用。不同的时期和不同的管理对象，其思想基础、性格类型、价值观念和需求等也不同。因此，在开展宣传教育工作时，要特别注意根据不同的时间段以及不同的管理对象，选择或制定相适宜的宣传教育方法、内容和形式，因此，必须具备一定的灵活性，才能更好地发挥作用。

（三）疏导性

宣传教育主要是指对人们做必要的思想工作。在体育教育管理中，开展宣传教育就是事前进行疏导，发生问题时及时进行化解，通过动之以情、晓之以理的方式使所有人都尽可能地保持合作、理解的态度进行工作。通过疏导人们的不良情绪和误解，能够在很大程度上避免矛盾和纷争，从而保持一个积极、健康、和谐的工作氛围。作为高校体育教育的管理者，要重视疏导的必要性，遇到不同意见时应及时地因势利导，才能更好地体现管理工作的价值所在。

(四)滞后性

宣传教育方法同时也不可避免地具有滞后性,并且这一特点在宣传教育方法中表现得尤为突出。这是因为人们的认识和思想是对客观事物的反映,所以大量的思想教育工作是在事情发生之后或有些苗头的时候开展的。再全面、周密的计划也不会穷尽所有可能,在体育教学中尤其存在着较大的不可预期性,对此,就需要高校体育管理者及时进行宣传教育,化解矛盾,让体育教学工作恢复到正常轨道上来。滞后性特点要求管理者对已经发生的问题实事求是地、科学地、正确地进行分析,以理服人,这样才能使思想教育真正落到实处,从根本上激发人们的动机。

第五章 高校体育教育之教学课程建设与管理

体育教学课程建设与管理是高校体育教育工作的主要内容之一,也是顺利完成体育教育任务的重要保证。了解我国高校体育教学课程建设的现状与问题,从科学理论出发为高校体育教学课程建设提供科学依据与理论支撑,同时选编科学实用的体育教材,加强对高校体育教学课程建设与管理的创新性探索,有助于提升我国高校体育教学课程建设质量与管理水平,推动我国高校体育教育教学的发展。本章重点对高校体育教育的教学课程建设与管理展开研究,主要内容包括高校体育教学课程建设的现状分析、课程建设的理论基础、体育教材化建设以及体育教学课程与现代信息技术的融合。

第一节　高校体育教学课程建设的现状

一、高校体育教学课程建设的现状与问题

（一）体育教育的指导思想局限于“增强体质”的单一功能

体育是高等教育的一部分，在高校开展体育教育，要充分发挥体育的教育功能，全面培养与提升学生的身心健康素质、社会适应能力以及道德品质，促进学生个性化发展、全面化发展及社会化发展。

我国高校体育教育的改革经历了漫长的过程，从中华人民共和国成立至今，高校体育教育观念的改革与演变经历了这样一个过程：竞技体育技术教育观念（以传授运动技术为主）→身体素质教育观念（以增强体质为主）→快乐体育教育观念（以培养学生运动兴趣为主）→终身体育教育观念（以运动习惯养成为主）。尽管高校体育教育观念随着社会的进步与教育的发展而不断更新，但从教育观念的演变趋势来看，无论怎样变化，都突出强调体育教育增强学生体质的功能，强调传授运动技能与培养学生的运动能力，而忽视了体育教育的其他功能。

导致上述现状的一个主要原因是体育教育的指导思想定位不全面，直接影响了体育教育目标的完整性，进而导致体育教学课程的实施出现偏差，最终造成体育“育体”功能无法充分发挥的后果。

（二）体育课程的目标不完整

高校体育课程的目标不完整是由于高校体育教育的指导思想定位模糊或定位有偏差而造成的。我国高校体育课程目标强调通过开展体育教育促进学生体质的增强和运动技能的提升，使学生终身受益。这个目标看似明确，但不够具体形象，而且没能将体育教育的内涵、功能全面概括出来，这导致高校体育教师在体育教学课程的实施中存在认识不到位、行动不积极等一系列严重问题。

有些体育教师认为，在体育教学中传授运动技能，学生的运动能力提高了，体质就增强了，学生掌握的运动技能越多、越熟练，其运动兴趣

就越强，就越容易形成终身锻炼的意识与习惯，这其实是对体育课程目标的片面认识。认识的片面化导致体育教师过分强调运动技能学练的重要性，强调大强度的身体练习，在教学过程中不断强调重复训练，忽视了学生的兴趣爱好、主观能动性的发挥以及主体个性的塑造，限制了学生个性发展，结果不但没有使学生的运动兴趣和锻炼习惯得到很好的培养，而且使部分学生对以单一重复练习为主的体育课产生了排斥心理，在课堂上学习积极性严重减弱，影响了教学效果。可见，体育课程目标不完整、不具体给体育教学效果带来了严重影响。

（三）体育课程结构单一

体育课程结构单一是我国普通高校体育教育中普遍存在的一个问题，其具体从下列两方面体现出来。

第一，普通高校的体育必修课课时一般设置为每周 2 学时，除了必修课外，还有课外群体工作，包括课外体育活动、课余训练和比赛、社会体育活动等，这就将高校体育一分为二，分别是体育课和课外体育，课外体育基本由学生自主安排，缺乏有效的组织与指导。

第二，体育课程的知识结构比较单一，缺乏层次性与多元性。体育课程教学实施中，以运动项目的理论知识、技能动作为主要内容，而基本的教育学知识、心理学知识、运动学知识、人体科学知识等涉及较少，即使在素质教育思想的指导下，也尚未将这些丰富的科学知识充分融入主要知识的讲授中，依然以身体素质教学、技术教学等单一的知识结构为主，这不利于对学生综合素质的全面培养。

（四）体育教学方法存在明显的训练化倾向

体育教学目标的实现是建立在合理选用体育教学方法基础上的，教学目标的实现必定要以教学方法为桥梁。体育教师能否合理选用体育教学方法，最大程度地发挥体育教学方法的功能价值，直接关系到体育课程目标能否达成以及达成程度如何。

当前，我国高校体育教学中采用的教学方法存在鲜明的训练化倾向和特征，运动训练方法在体育实践课教学方法中占很大的比例，运动训练原则也被运用于体育实践课上。运动训练原则的贯彻和运动训练方法的运用对学生提出了较高的要求，这导致部分运动基础较差的学生产生了心理障碍，畏惧上体育课。体育教师按照运动训练的要求和方法进行教学，难免将注意力过多地集中于学生练习的数量和质量上，而忽视了对理论知识的传授、对相关学科知识的渗透、对心理素质的培养以及对道德品质的塑造，忽视了兴趣教学在体育教学中的重要性。

此外，将运动训练方法运用到体育教学中，难免会对学生的动作完成情况提出比较严苛的要求，甚至要求学生的动作和教师示范的动作完全一样，这就容易忽视学生的情感体验、学习态度，忽视学生的自主性和创造性，不利于培养有个性有创造性的人才。

二、改善高校体育教学课程建设现状的策略

在我国大力推行素质教育的今天，高校要在"健康第一"的指导思想下开展包括体育教学课程建设在内的体育教育工作。从我国高校体育教学课程建设现状出发，建立契合素质教育要求和符合体育教育指导思想的体育课程体系，并随着素质教育的不断发展而完善体育课程体系，提升我国高校体育教学课程建设质量。

下面具体分析改善我国高校体育教学课程建设现状的科学策略。

（一）树立"健康第一"的指导思想，注重学生的身心健康

高校体育教学改革的成功与否直接受体育教育观念是否先进、体育教育指导思想是否正确的影响。高校是否按照素质教育的要求树立体育教育观和建立体育教育指导思想，对体育教育功能的发挥及体育教育质量产生了直接的影响。高校是否有先进的体育教育观念和明确的体育教育指导思想，对体育教育目标制定的合理性及目标的实现情况也有直接影响。

一些高校体育教师的教学观念比较落后，教学思想比较保守，传统的教学思维方式对体育教学改革造成了严重的影响和阻碍，对此，必须及时转变教学思想，更新教学观念，如此才能使体育教学改革取得突破，促进体育教学改革的不断深化，使体育教学改革成果取得质的飞跃。在新时代背景下，我国要立足国情，按照体育教育规律展开教学改革，优化教学思维方式，促进体育教学的纵深发展。

要进一步深入改革体育教育，就要树立"健康第一"的指导思想，对体育教育的深层次内涵进行挖掘与探索。在科学指导思想下强调以学生为本，注重培养学生的情感态度及价值观，采取有效手段对学生的学

习兴趣、正确动机及学习能力进行培养。以学生为本,就要关注学生的身心健康和全面发展,关注学生的长远发展,这是人本主义教育思想的基本要求。

(二)制定科学完整的体育课程目标,发挥体育教育的重要功能

高校体育教育作为高等教育的重要组成部分之一,以育人为主要目标,主要服务于人才培养。高校体育课程可持续发展的根本目标是培养学生健康的体魄和心理,使学生拥有良好的体育素质、运动能力和自我保健能力。高校体育课程培养优秀人才的目标需要通过构建专门的体育课程目标体系才能实现。

体育教育的本质功能是强身健体,体育教育的长期改革与发展也是以增强学生体质为主要目标的。但高校体育教育的目标应该是综合性的目标,因此在体育教学课程实施中不仅要培养学生的运动意识、运动技能和良好的运动习惯,还要满足学生的心理和情感需求,从而充分发挥体育教育的多元功能,促进学生身心素质、社会适应能力的全方面发展。

(三)建立有助于实现体育课程目标的体育课程结构

体育课程结构是否合理直接影响体育课程目标的实现情况,对体育课程结构进行设置与优化,应主要从课程元素、课程知识以及课程形式三个方面出发,如图 5-1 所示。

第一,对传统体育课程观进行改革,科学制订体育教育计划,除了要合理安排体育课时外,还要对课外体育活动、课余训练和比赛等进行合理规划,有组织有计划地举办丰富多样的体育活动,将体育课堂教学与课外体育活动有机结合起来,满足学生的多元需求,通过课内外一体化教学而提升高校体育教育的整体水平。

第二,优化高校体育课程结构,还需要将多学科知识融入体育教育内容中,围绕体育课程目标整合所有相关知识,建立相关知识之间的内在联系,提升整体教学效果。

第三,丰富与优化体育课程形式,如体育理论课、体育实践课、体育保健课、多媒体体育课、体育俱乐部教学课等,完善体育课程系统,促进不同类型体育课程的相互作用,最大程度地发挥体育课程的整体功能。

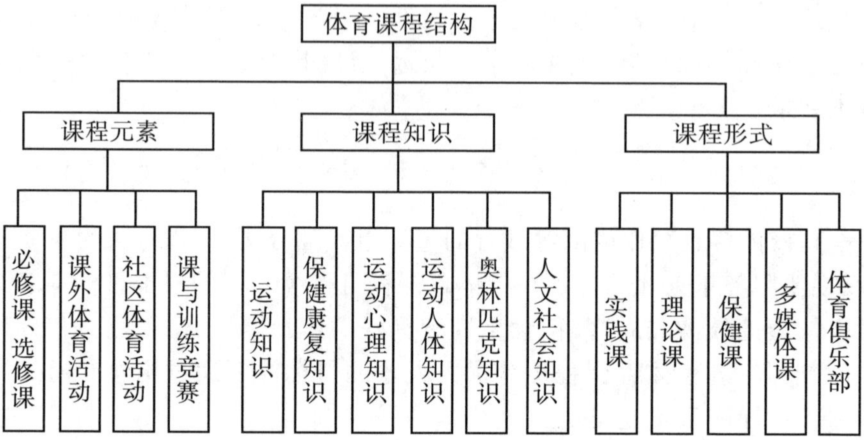

图 5-1　高校体育课程结构体系[①]

（四）建立与完善体育课程组织体系

高校体育课程组织形式丰富多样，选择什么样的组织形式要参考学生的兴趣爱好，高校应从学生兴趣出发开展体育课程的组织工作，充分把握学生的心理特征、合理需求，搭建网络选课平台，给学生自主选择的机会。不能强行给学生安排他们不感兴趣的体育课程，否则会引起学生的反感心理，得不偿失。

高校应具有多元化的课程组织形式，体育必修课要符合国家规定，选修课要满足学生的个性需要。高校还应从本区域的自然文化特色和社会文化特色出发设置有特色的校本课程，将本地特色项目作为选修课的内容，设置的运动项目既要有本地特色，又要能吸引学生的兴趣，满足学生的需求。

高校体育俱乐部教学也是当前比较流行的一种课程形式，俱乐部运动项目丰富、有特色，能够调动学生的参与热情和积极性。体育俱乐部的管理者一般由有体育特长的学生担任，这能够锻炼学生的组织能力和管理能力，提升学生的综合素质。体育俱乐部作为体育必修课和选修课的重要补充，既健全了体育课程组织形式，又丰富了高校体育教育内容，提高了高校体育教育水平。

---

① 张瑞林，闻兰，黄晓明．普通高等学校体育课程建设理论与实践研究[M].北京：北京体育大学出版社，2005.

（五）优化体育教育资源

体育教学资源不足是很多高校都存在的问题，对此必须加强体育教育资源开发与建设，优化硬件资源和软件资源，创造良好的资源环境。此外，要对现有教育资源进行优化与完善，提高其利用率，充分满足高校开展各种体育活动的需要。

第二节　高校体育教学课程建设的理论基础

一、价值论基础

（一）社会价值取向与体育教学课程建设

社会价值取向的基本理论指出，社会需要决定了课程设置的方向，学校作为育人机构，主要是为实现社会利益而服务的，学校要基于一定的社会需要来育人，要对社会需要的发展变化保持高度的敏感度，学校各种教育计划都要能够满足社会需要。

社会价值取向的知识观大概包括下列两种适应论。

1. 主动适应论

主动适应论指出，个人与社会之间建立了一种亲密互动的关系，二者是有机统一的和谐整体。教育与社会的关系如同个人与社会的关系一样，也是相互友好互动的完整统一体。高校课程不但要与社会生活相适应，还要对社会生活产生积极的改造作用。在主动适应论的指导下进行体育课程建设，要强调体育生活化的价值取向。

2. 被动适应论

博比特·查特斯是美国著名的课程理论专家，也是被动适应论的代表人物，其认为，学习者通过接受教育所掌握的所有知识、能力等都是为走向社会、适应社会生活而奠定基础和做准备的，学校课程对学习者而言是帮助其适应社会生活的重要工具。

（二）个人价值取向与体育教学课程建设

个人价值取向的哲学理论指出，一切教育活动均以“人”为出发点，教育既要能够使人的兴趣和需要得到满足，又要能够健全人的理智和完善人的人格。这一从古希腊起源的哲学理论对现代课程建设具有重要启迪意义。古希腊哲学家认为，学科知识的价值是高还是低，衡量标准是对理性的人的培养质量的高低。学科知识能培养理性的人，学科知识的理性层次内容越丰富，培养价值越强，相反，如果学科知识缺少丰富的理性层次的内容，培养价值就会削弱。

在健康第一、以人为本的指导思想下，我国高校体育课程建设要尊重学生的主体地位，关注学生的主体需要，鼓励学生自主选择课程，主动学习与探索，实现个人价值，成为理性的人。

（三）知识价值取向与体育教学课程建设

知识价值取向的哲学理论对知识的内在价值作了高度强调，指出知识是人的精神食粮，知识本身就是知识的价值所在，人要为了掌握知识而掌握知识。认同该观念的课程专家指出，知识能够使人变得更加理性，能够使人的心智更加成熟、完善，心智能力完备的人，其处理事情更加理性与成熟，处理事情的能力越强，同样地，解决问题的能力也越强，这样的人能够更好地应对社会生活中的各种难题。因此说，培养与提升学习者的心智能力是教育的基本目的。

知识价值取向的哲学观从体育教育与健康教育的有机结合中也得到了一定程度的反映。高校在体育与健康教育课程的科学建设与有效实施中，不仅要强调学生的身体活动，还要实施配套的身心健康促进方案，如医疗保健、合理营养、科学作息、劳逸结合等，从而使学生的心智能力更强，变得更加成熟与理智。

二、教育哲学理论基础

（一）教育哲学理论

教育哲学是用哲学观念和方法研究教育领域的基本问题的学科。不同的教育哲学理论因为思考角度不同，起点高低不同，所以观点也有区别。目前来看，公认的教育哲学理论有本质主义、永恒主义、进步论和重构论四种，见表5-1。这四种教育哲学理论是由传统哲学理论衍生的，如本质主义取自唯心论和实在论，永恒主义根植于实在论，进步论根植于实用主义，重构论主要取自实用主义和存在主义。

表5-1　四种公认的教育哲学理论[①]

教育哲学	哲学基础	教育的目标	知识	教育的角色	课程的焦点	相关的课程趋势
永恒主义	实在论	教育有理性的人；培育知识分子	关注过去的和永恒的学问；掌握事实和永不过时的知识	教师帮助学生理性思考；基于苏格拉底式的方法；口授明确的传统价值观	古典课程；文献分析；恒定课程	巨著；全面教育建议；回到人文科学
本质主义	唯心论、实在论	促进个人的智力发展；教育有才能的人	基本技能和学业课程，掌握课程内容的概念和原理	教师在特殊课程领域是权威；明确传授传统价值观	基本技能（3R）和基础课（英语、科学、历史、数学、外语）	回归基础；文化素质；教育卓越人才
进步论	实用主义	促进民主的、社会的生活	促进成长和发展的知识；边生活边学习的过程；关注主动的、恰当的学习	教师是解决问题和科学探索的向导	以学生的兴趣为基础；讲授人类的问题和事务；跨学科课程内容；活动与规划	恰当的课程；人文主义教育；激进的学校改革
重构论	实用主义和存在主义	改良和重构社会；教育为变化和社会改革服务	辨认和改善社会问题所需要的技能和课程；和当代、未来社会相关的主动学习	教师充当变革和改革的代理人；扮演规划指导者和研究带头人；帮助学生意识到人类面临的问题	重视社会科学和社会研究方法；考察社会、经济、政治问题；关注现在和未来的趋势，以及国内和国际问题	国际教育；概念重构论；教育机会平等

① 周毅．校园足球课程构建导论[M]．广州：广东高等教育出版社，2019.

下面简单分析四种教育哲学理论的基本观点。

1. 永恒主义

永恒主义者认为,人性是固定的,不会改变。人类有推理的能力,他们通过推理而认识与理解自然界的普遍真理。教育的目标是开发学生的智力,培养学生的道德品质,使其成为理性的人,能够认识与揭示自然界的普遍真理。永恒主义者倡导课程建设要以科目为中心,课程的内容逻辑应该是非常严密的。

2. 本质主义

本质主义者非常重视知识、事实,他们强调观念思维、知识的习得以及解决问题的能力。某些概念、技能、事实等是构成科目材料的基础因素,许多本质主义者对此十分重视。

3. 进步论

进步论者倡导培养学生解决问题的技能,使学生学会用科学的方法解决问题。此外,他们还提倡学校培养学生的自我约束能力和协作精神,倡导学校注重传递社会文化。进步论强调的是“怎样思考”的问题,而不是“思考什么”的问题。

4. 重构论

重构论者认为,简单分析问题、阐释问题和评估问题是不够的,师生必须要有求变和改革的意识。社会是发展变化的,课程也随之不断变化,理想的课程应该能够反映当前社会问题,并为社会服务。

之所以要阐述上述几种教育哲学理论,主要是希望能够启发教师树立科学的教育思想和教育观念。教育工作本身具有创造性,所以允许教育领域同时存在各种不同的观点,这样教育才能获得多元化发展。

(二)教育哲学与高校体育课程建设

哲学理论主要对人的行动提供方向上的指导,教育哲学理论为教师开展教学活动提供了多维度思考方向。上述教育哲学理论对高校体育课程建设具有以下指导价值。

第一,体育教师了解教育哲学理论,可以更加深入地认识高校体育课程。不同的教师认识问题的角度不同，教学经验也不同，所以对体育课程也会有不同的认识。体育教师学习与了解教育哲学理论，能够从中获得启发，树立正确的教育哲学观，从多个维度与视角思考教学问题，从而使体育教育课程定位更明晰。

第二，教育哲学理论为体育教学课程建设提供了重要的方法原理，对设计与实施体育教学课程及开展具体教学活动具有重要指导意义。上述教育哲学理论中，永恒主义与本质主义属于传统教育哲学理论，它们强调知识、科目内容等，而进步论、重构论属于当代教育哲学理论，相对来说更重视学习者及问题本身。在教育哲学理论指导下，高校体育教师应在体育教学课程建设中正确把握科目知识和学生本位之间的关系，并积极妥善地处理好二者之间的矛盾。①

三、心理学理论基础

（一）认知主义心理学

认知主义心理学着重对学生在学习过程中的心理活动，尤其是对学习思维活动方式与过程进行研究，具体研究以下几组关系。

第一，教学内容知识结构与学习者认知结构的关系。

第二，教材逻辑顺序与学习者心理程序的关系。

第三，课程教学与学习者认知规律的关系。

第四，学习者学习行为与认知策略的关系等。

认知主义心理学对体育课程建设有如下启示。

第一，编制体育教材要讲求知识结构合理和层次清晰，知识的呈现要符合一定的逻辑顺序。

第二，要对学习者的认知规律予以尊重，以学习者的认知结构水平为依据进行课程设计。

（二）行为主义心理学

行为主义心理学中著名的“联结说”是由行为主义心理学的代表人物、美国著名心理学家——华生在20世纪初提出的。他指出，人的学习行为反映了刺激—反应之间相互联结且愈演愈烈的关系，学习有诸多表

① 崔伟．体育课程论[M]．郑州：黄河水利出版社，2005．

现形式，其中就包括练习。斯金纳在“联结说”之后推出了行为主义心理学的另一著名理论——“强化说”，这里的强化指的是刺激—反应之后的再刺激，强化的程序、程度直接影响学习的效果。

美国心理学家布卢姆在20个世纪六七十年代提出了与行为主义心理学观点相契合的目标分类学，指出目标的下列三个基本特性。

第一，层次性，学习目标有总目标、分支目标，各层次目标密切联系，相互作用。

第二，可测性，行为目标越外显、越具体，可测性就越强，通过测验可以判断目标的达成情况。

第三，可实现性，学习目标必须是学生通过努力学习而可以达到的，不同水平的学生达到学习目标的速度不同。

（三）人本主义心理学

人本主义心理学指出，学习者的情感、态度和价值观对其学习行为、学习结果有重要影响，知识能否长期存在、保持下去，直接取决于知识是否对学生具有个人意义。

人本主义心理学对课程建设的启示意义有以下几点。

第一，课程中要有能够激发学生学习主动性的学习情境，要重视对良好学习氛围的创造。

第二，好的课程要与学生的生活、基本需要密切相关，并能促进学生情感的丰富和理智的发展。

第三，课程要尊重学生的主体地位。

综上所述，可以得出以下观点。

第一，以上三大心理学流派都是从特定角度认识课程在某一方面的发展，任何单一的观念都不可能从根本上解决课程的所有问题。因此，三大心理学必须相互联系，共同构成完整的心理学结构观，如此才能对课程产生积极的影响。

第二，认知主义心理学主张在课程设计中关注学生的认知规律，行为主义心理学主张课程内容由简到繁，人本主义心理学强调课程内容与学生的需要、情感相联系。可见，心理学的整体结构观、学生身心发展规律和身心健康水平共同影响着体育教学课程建设，包括课程目标的确定、内容的选择。因此，体育教学课程应该是能够为学生带来成功的喜悦，使学生获得愉快体验的课程。

四、社会学基础

体育社会学和教育社会学为我们研究体育课程建设提供了社会学参考。体育社会学是研究在一定社会经济形态下,体育与社会、文化、人互相作用的机制及体育过程中人的行为关系的一门学科。研究内容包括体育制度、体育文化、体育行为、体育组织、体育活动中的人际关系、体育与社会变化和体育社会问题及其控制。

教育社会学是运用社会学原理研究教育问题的一门学科。它研究各个社会生活方面与教育的关系,如社会经济、政治的发展变化与课程的关系,家庭教育与学生成绩的关系,教学内容、方法与社会条件的关系等。这些理论对我们研究体育课程建设具有重要启迪意义。①

(一)体育与社会

体育作为一种社会现象,已经被人们普遍关注,并广泛渗透到人类生活之中,与其他社会现象构成密切联系,相互影响,相互促进,相互制约。体育的发展直接影响现代社会的发展,反过来,现代社会的发展也必然影响体育的进一步发展。

(二)体育与人的社会化

人从自然人成长为社会人,对社会生活逐渐适应的过程就是所谓的人的社会化。人类继承并弘扬人类社会长期积累的文化成果,这是人的社会化的本质。体育是人类社会长期积累的文化成果的重要内容之一,其对人的社会化有重要影响。体育促进人的社会化,这是体育的一个重要社会功能。体育社会化是建立在人的社会化这一基础上的,人在社会化发展中不断参与体育运动,能够对社会发展产生积极影响,从而促进体育社会化的实现。

体育社会化对社会人而言具有以下两个方面的重要功能。

第一,使人对体育技能加以学习与掌握,使人树立正确的体育价值观,规范人的体育行为。

第二,使人对社会生活技能加以学习与掌握,使人树立正确的社会

① 季浏.体育课程与教学论[M].桂林:广西师范大学出版社,2005.

价值观,规范人的社会行为。

以上两方面也是体育教学课程的主要任务。

第三节　高校体育教材化建设

一、高校体育教材编写的特点

高校体育教材编写应体现和突出教材的如下特点。

（一）突出教材的生命科学性

将生命教育融入体育教材中,以学生为本,以学生的生命为出发点,尽可能通过改造传统运动项目、引进时尚运动项目使学生的个性需要、兴趣爱好得到满足,促进学生生命质量的提升。

（二）突出教材的个性、情感

结合学生的实际生活而适当选择教材内容,打破传统教材建设中以学科为中心的局限和弊端,要打造个性化的、能够满足学生情感需求的、切合实际的教材。

（三）突出教材的社会适应性

认识体育教材与社会科学、社会技术、社会人际情感的相互关系,树立"STSE 教育理念",教材内容要有利于学生的未来职业选择以及对社会生活的适应。

（四）突出教材的文化性

编写教材时,要将民族民间体育项目融入其中,通过民族民间体育教学来增强学生体质,弘扬民族优秀文化。

（五）突出教材的实践效应

在健康第一教育思想的指导下,构建融体育教育和健康教育于一体的新课程体系,以体育教育为主,健康教育为辅。体育教材要对学生健康成长与全面发展有现实促进意义，将体育与健康知识、方法、技能及相关内容合理编入体育教材中。

（六）突出教材的民族性、地域性和校本性

高校体育教材尤其是校本教材要突出本地或本民族的独有特色，将教材内容的民族性、地域性突显出来，通过创造性的设计与编排而突出教材的多元性和特色化。

二、高校体育教材编写的程序

编写高校体育教材要遵循一定的程序，按照最优程序循序渐进地将体育素材加工为体育教材，保证体育教材的科学性、教育性以及可操作性。编写体育教材的程序具体如下。

（一）审视素材

首先，体育教师要用基本教育观点去审视积累的运动素材，判断运动素材与教育性原则是否相符，是否与社会价值观念一致，是否存在安全隐患，是否有利于学生的身心健康，通过判断来决定是否将其作为备选的体育教材内容。

（二）运动的功能鉴别

所有的体育运动项目都具有强身健体、愉悦心理、提高运动技能的功效，但不同类型的运动项目都有自己最为突出的功能，也就是说各个运动项目都有自己的主要功能和次要功能，即使同类运动项目，也可能因为运动方式、运动目的的不同而在功能上有一定的区别。对此，要根据体育教育目的对不同的运动项目进行分类或合并，这是体育教材编写中非常重要的一个环节和任务。

（三）典型性分析

通过鉴别运动项目的功能，对运动项目进行分类后，要选择其中具有典型性和代表性的项目。很多体育项目性质相同，功能类似，要将其全部纳入体育教材是不现实的，因此要通过对比分析、综合判断来选出某类运动中的代表性项目，这有利于精简教材，去粗取精。

(四)对应具体的教学目标

体育教学目标因教学阶段、教学对象的不同而有所不同,在不同教学阶段,面向不同的教学对象,要从该阶段的教学目标出发而选择相对应的教材内容,这是精选教学内容的关键步骤。

(五)分析教材实施的"可行性"

选择与教学目标对应的教材后,要对教材的实施条件进行分析,具体就是根据教学条件而进一步编排教材内容,尽可能保证在现有教学条件下能够顺利实施教材内容,实现教学目标。

三、高校体育教材化建设的策略

(一)建立明确的指导思想

体育教学课程的根本目的是增强学生体质,但增强体质不是一朝一夕就能实现的,需要经历一个漫长的过程,不仅只依靠体育课堂教学,还要开展课外体育活动。因此,高校体育教材化建设应坚持"健康第一""终身体育"的指导思想。在体育教育中,传授体育知识、运动技能以及开发学生的智力都离不开专业教材,这是必不可少的教育工具。

体育教育观念的变化与特征能够通过体育教材体现出来。体育教材是体育知识的载体,是体育教育改革成果的重要表现形式,是体育教师传授知识和培养学生的重要媒介资源。要实现体育课程的根本目的,就要在科学的、明确的指导思想下进行体育教材化建设与改革,为体育教材化建设提供明确的方向。

(二)合理定位

在体育教材化建设中要将下列两个定位充分把握好。

第一,基于对大学生身心特征的了解而进行教材编写专业人员的定位,以科学严谨的态度编写教材。

第二,将教材编写目的、编写对象的定位把握好,明确"为什么编写教材"和"面向谁编写教材"两个问题。

除了把握好上面两个定位,还要在教材建设中充分贯彻和体现健康第一的宗旨,从过去强调运动技术向关注学生身心健康转变。此外,体育教材建设还要不断与时俱进,将知识教育、情感教育、价值观教育有机结合起来,在传递知识的同时丰富学生的情感,培养学生的人文素养,如此更能发挥体育教材的价值。

(三)结构设计合理

体育作为高校的一门课程,其教材建设也要符合课程论的要求。知识结构是教材建设的主线,各学科都有知识的系统性和递进性,体现的是由简到繁、由浅到深的层次关系,从生理发育角度上讲,从小学体育到大学体育再到终身体育,也存在系统性和关联性,所以,高校体育教材建设要符合大学生生理、心理发育的需要。

另外,个体差异大,运动习惯和爱好不尽相同又是体育的另一特点,据此,教材编写在具有课程的统一性外,还要有多样性,从育人角度出发,应包括一般知识结构和能力培养结构,一般知识结构主要包括体育的基本理论、原理、方法等,满足体育基础教育的需要,能力培养结构是教材的特点的体现,通过掌握体育知识的过程,把认识体育价值、培养锻炼习惯、提高健身意识、形成良好的体育素养贯穿在教材学习之中,是满足爱好者的认知需要。

(四)加强内容的创新

创新是体育教育延续的生命,改革是体育教育发展的动力,体育教材化建设必须与时俱进,加强内容创新,打破传统教材化建设的壁垒,优化教材结构,解决传统体育教材中的常见问题,如"繁""难""多""旧""杂"等,如此才能使体育教材焕发生机与活力。

(五)突出系列化、立体化

当前,我国高校体育教材建设呈现出系列化、立体化的良好态势与趋向。编写体育教材要关注学生的个体差异,如为了使体育基础教育的需要得到满足,应开发与完善基础性知识,为使体育爱好者的兴趣和个性需要得到满足,需补充拓展性知识。

体育教材设计既要保持一体化,又要在此基础上进行系列化改革,从实际出发进行板块重组,分册编写体育理论教程和实践教程,并保持二者之间的紧密联系。

此外,将多媒体手段运用到体育教材化建设中,突出教材的立体性、灵活多样性和可选择性,这也是人本教育理念的基本要求。

第四节　高校体育教学课程与现代信息技术的融合

一、高校体育教学课程与现代信息技术融合的意义

体育教学课程对理论教育、动作规范都有较高的要求,在传统教学模式下,体育教师多采用语言讲解和动作示范相结合的方法来进行教学,但是教师面对的学生在知识储备、运动基础、学习能力、认知水平等方面是有差异的,因此并不是所有的学生都能在第一时间快速理解教师讲解的内容和示范的动作,可见传统体育教学中学生接受能力的差异对体育教学效果造成了制约。而如果能够将现代信息技术融入体育教学课程中,便能使传统教学的不足得到弥补,使教学重点和难点更加突出,更便于学生掌握知识和技能,对提升教学效果非常有益。

下面具体分析高校体育教学课程与现代信息技术融合的意义。

(一)丰富教学元素,提升学生的认识水平

在传统体育教学中,体育教师一般先讲解本次课的主要内容,语言描述动作方法,并进行身体示范,然后学生根据自己的观察与理解来模仿练习,不断重复,直至掌握为止,整个课堂氛围比较沉闷,缺少趣味,而且教学方式和内容都不够丰富,显得单调乏味,对学生的学习热情和积极主动性造成了影响。而将现代信息技术融入体育教学活动中,将融图片、视频、声音等多媒体教学资源于一体的教学内容呈现给学生,能够使教学内容变得丰富、更加立体,从而易于将学生参与体育学习的乐趣调动起来,培养学生自主学习的好习惯。

(二)规范动作,突出教学重难点

在体育教学课程的组织与实施中,学生的主要任务是掌握体育理论知识和运动技能,将技术动作做规范、做熟练。学生学习运动技术往往过分依赖于教师的示范教学,学生观察教师的示范动作,并不一定能

够完全理解与掌握，有时会出现理解错误和动作不规范的问题，这难免会影响学习效果。对此，有必要使用现代信息技术对电子教学课件进行制作与应用，将体育动作以更加直观、形象的方式呈现出来，便于学生对重难点内容的理解与掌握，从而有效优化体育课堂教学，提升教学效果。

（三）变革学习方式

实践性是体育教学课程的重要特征之一，这就对体育教师的教学方式和学生的学习方式提出了较高的要求，也就是说体育教学课程的实践性决定了体育教学方式和学习方式的独特性，与其他学科的教学方式、学习方式明显不同。将信息技术融入体育课程教学中，不仅促进了学习内容的丰富，也拓展了学习空间，调动了学生的学习积极性，使学生的学习方式实现从被动到主动的转化。

体育教师运用现代信息技术进行教学，也能启发学生思考，发挥学生的主体作用，培养学生的观察力、思维能力和创新能力，使体育教学效果实现“几何”倍增。

二、高校体育教学课程与现代信息技术整合的模式

（一）现代信息技术作为教学工具的整合模式

现代信息技术辅助下的体育教学有多种表现形式，下面主要分析常见的几种形式。

1. 自主—监控型模式

自主—监控模式是在网络教学环境下，教师提供教学资源，学生自主学习，教师进行监控，加以辅导。在这个模式中，学生可以根据自己的需要使用网络资源，教师监控学生活动，“手把手”对学生进行交互式辅导教学。

自主—监控模式的实施程序如下。

（1）教师从教学目标出发分析与处理教材，决定采取什么方式传授教学内容。

（2）学生接收学习任务后，在教师指导下参考相关资料或信息进行独立学习或协作学习。

（3）教师总结并进行个别化评价。

2. 群体—讲授型模式

群体—讲授模式是在同一时间向班级学生传授相同内容，并在实施教学方法与手段的过程中渗透信息技术。这种模式具有如下优势。

第一，图、文、声并茂，使体育教学课程更加生动有趣。

第二，不受时空限制，便于突破教学重难点。

第三，简单易操作，能够快速、及时地呈现体育教学内容，提高体育教学效率。

群体—讲授型模式的实施程序如下。

（1）教师备课时研究教学内容，自己设计课件，或从资源库中选择合适的课件。

（2）教师利用课件创设教学情境，将教学信息展示给学生，引导学生自主思考。

（3）教师总结。

3. 讨论型模式

师生通过网络交流进行实时和非实时讨论，这种教学模式一般用于教师提出问题、学生讨论问题的教学中。不管是实时讨论还是非实时讨论，教师都要认真倾听学生的想法，发现学生的好思维，观察学生的问题，并给予指导。讨论结束后，教师进行总结和评价。

讨论模式可以使学生克服心理障碍，主动参与讨论，畅所欲言，调动学生的积极性。该模式的实施程序如下。

（1）教师依据教学目标分析与处理教材，决定教学内容的呈现形式，并向学生呈现课件或网页类教学内容。

（2）学生接收任务后，在教师指导下查阅资料或信息进行独立或合作学习，利用信息技术完成学习任务。

（3）师生共同总结、评价。

（二）现代信息技术作为学习工具的整合模式

将信息技术作为获取体育学习内容和学习资源、情境探究和发现学习、协商学习和交流讨论、知识构建和创作实践以及自我评测和学习反馈的工具。根据信息技术作为认知工具的应用环境和方式的不同，可以将整合模式分为下列几种。

1.“资源利用—主题探究—合作学习”模式

通过社会调查、确定主题、分组合作、收集资料、完成作品、评价作品、意义建构等环节完成课程学习。教学过程如图 5-2 所示。

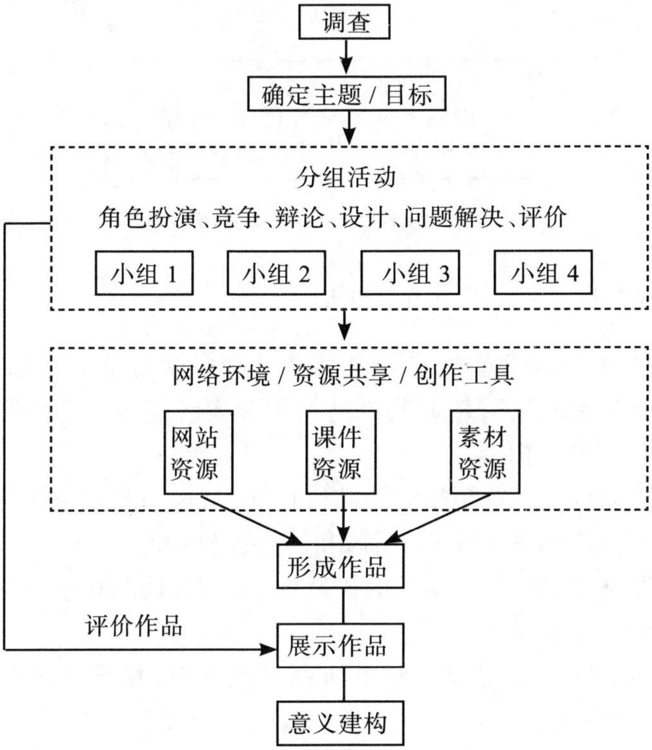

图 5-2 “资源利用—主题探究—合作学习”模式[①]

2.“小组合作—远程协商”模式

在互联网环境下，学生自由组成合作学习小组，围绕同一学习主题而建立小组网页，互相浏览，交流意见，进行评比，如图 5-3 所示。

① 李伟明．信息技术与课程整合探索[M]．广州：广东教育出版社，2003.

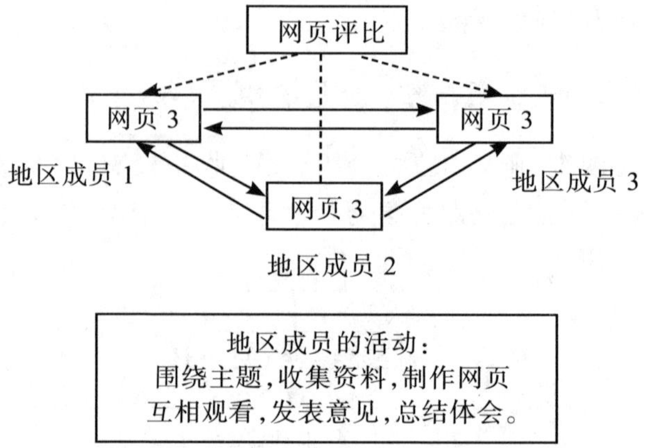

图 5-3 “小组合作—远程协商”模式 [①]

3.“专题探索—网站开发”模式

在互联网教学环境中，广泛而深入地研究学习某一专题，要求学生构建“专题学习网站”，培养其创新精神和实践能力。“专题学习网站”通常包含如下基本内容。

（1）展示与学习专题相关的结构化知识，运用知识结构化的方式重组有关体育教学内容的文本、图像和动态资料等。

（2）收集与学习专题相关的扩展性学习素材资源（包括学习工具和相关资源的网站链接）。

（3）围绕学习专题建立网上协商讨论、答疑指导和远程讨论等板块。

（4）收集与学习专题相关的思考性问题、形成性练习和总结性考查的评测资料，让学习者进行网上自评。

“专题学习网站”的结构如图 5-4 所示。

① 张文兰．信息技术与课程整合[M]．西安：陕西师范大学出版社，2012.

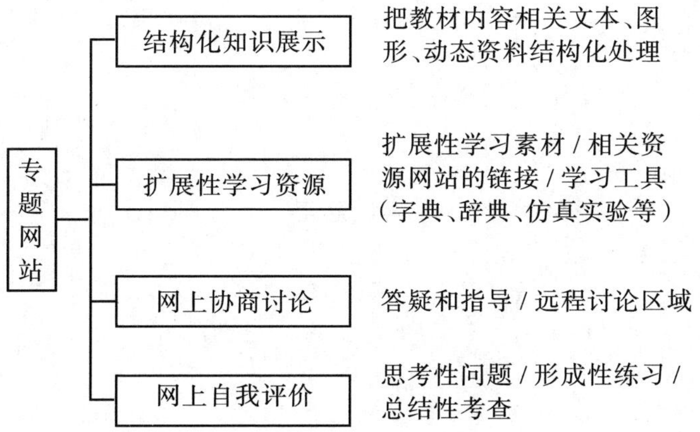

图 5-4 “专题学习网站”①

① 李伟明 . 信息技术与课程整合探索 [M]. 广州：广东教育出版社，2003.

第六章 高校体育教育之教学与训练活动管理

在高校体育教学中，教学活动可大致分为日常教学和课余训练两大部分。目前，就我国的大部分高校而言，都对课余训练有专门的设置和安排，有的院校还有自己的高水平运动队，这些运动队的学生往往都具备过人的运动技能，有些甚至接近竞技水平，因此，在高校的教学活动中，要重视对教学和训练活动的管理。本章将从高校体育课堂教学管理、高校课余体育锻炼管理以及高校高水平运动员运动训练的管理三个方面入手，试图对高校体育运动教学与训练活动所涉及的相关管理工作进行科学、系统、全面的研究，以期为高校以及各界教育者提供参考。

第一节　高校体育课堂教学管理

一、课堂教学目标的管理

（一）课堂教学目标的管理原则

课程教学目标的设置与阶段教学目标、学年教学目标以及单元教学目标的设置方法有所不同。课堂目标更注重即时效果，需要着重关注教学活动的实施、师生互动效果以及学生的反馈情况，教师需要对即将讲授的内容做充分准备和预期，对学生的不同反应及时做出合理的回应，并且能够根据课堂的实际情况做出灵活的调整，以确保课堂教学目标更好地实现。

一般而言，设置课堂教学目标时需要遵循如下几个原则。

（1）要根据学生的实际需求，依据地方、学校、场地、天气、器材和学生的具体情况而制定。

（2）课堂教学目标要具体、明确、可操作、可测量，能够被绝大多数学生接受。

（3）避免单一性和机械性地制定课堂教学目标，可根据课堂的现场情况进行合理的、灵活的调整，以达到更好的教学效果为目的。

（4）课堂教学目标还要充分照顾到各个水平的学生的学习需要。

（二）课堂教学目标的管理策略

（1）在确定课堂教学目标时，要尽量全面地实现一节体育课应包含的所有因素。比如，既要有运动参与、运动技能、身体健康的目标，又要有心理健康、社会适应的目标，并且各项目标要有机结合、相互促进、统筹兼顾、协同达成。这些因素之间应该彼此交融、互为呼应，形成一次目标明确且信息综合的教学活动，促进学生在知识、技能、情感体验、学习态度、意志品质、合作精神以及价值观形成方面都能得到发展。

（2）合理安排目标的层次性、可接受性和适度性，依据课堂的整体情况来确定具体的执行方案。要充分考虑学生的生理机能、机体适应性规律、动作技能衔接情况、身心发展表现以及课堂练习的可操作性。比如,可以先确定课堂教学目标,再考虑可执行的科学锻炼的程度,同时还要融入品质教育、情感体验、合作精神、行为表现等目标的协同达成。

(3)要注意理论与实践相结合,并做到合理搭配,让学生边学习边实践,教师应在课堂教学中灵活调整教学安排,根据学生的理解情况和练习情况,可以增减理论和实践的时间。但是一般而言集中讲授时间不应超过课时的10%。

二、课堂教学内容的管理

(一)课堂教学内容的管理原则

在"目标统领教学内容"的理念下,不再硬性规定具体的课堂教学内容,这是一种目标管理指导思想,因此对具体选择什么内容给了很大的空间。只要是有助于激发学生的体育学习兴趣,有助于提高学生的身心健康发展,能够加强学生的创造力、主动性、心智成长等方面的发展,允许体育教师根据实际教学情况进行选择和取舍,它充分地尊重了教师和学生对教学内容的自主选择权,也因此激发了学生的主动学习意识,扩大了课程资源的采集范围,让教师和学生合作对课堂教学内容进行选择和确定。但是,这并不意味着可以天马行空随意选择,教学内容必须符合以下几点基本要求。

(1)符合单元和学年的教学目标的要求。

(2)符合学生的身心发展需要,符合该年龄阶段和性别的特征。

(3)能够满足大多数学生的个体差异的学习需求。

(4)运动形式活泼,能激发大多数学生的学习兴趣。

(5)具有健身性、知识性、科学性、娱乐性、教育性、实践性、生活性等特点。

(6)对增强体能、增进健康,促进发展学生积极、主动的心理品质有积极意义。

(7)具有较强的可操作性,符合现有的客观条件。

（二）课堂教学内容的管理策略

1. 依据目标选择教学内容

课堂教学内容的选择首先需要依据教学目标的设置、根据各学习时段的教学目标，以及课堂教学目标，再结合当下的场地、天气、器材等客观条件，以及学生的学习状态、身心特点进行具体的选择。比如，原定的课堂教学目标是篮球三步上篮的考试，但是由于暴雨突袭而无法进行，那么就应该做及时的调整，或者按照预案进行室内的相关基础技能的训练。或者，虽然天气情况良好，但是由于期末考试临近，有不少学生近期有熬夜温习功课的情况，因睡眠不足而出现过度疲惫、精神不佳的状况，如果此时进行考试，不仅会给学生增加更大的精神负担，而且考试成绩也不会太理想。因此，体育教师在选择课堂教学内容时，需要考虑多方面的因素，争取为学生创造最佳的学习体验。

2. 以学生为主体选择课堂教学内容

在一定的教学目标要求下，教师还要努力站在学生的角度，充分考虑学生的兴趣和学习需要，将“教”的内容转化为“学“的内容，将“竞技化”内容转化为“娱乐化”“实用化”“生活化”的内容，并尽量选择符合时代特点的、与当前学生的兴趣爱好相贴合的教学内容，这样才能最大限度地激发出学生的学习热情和学习积极性。

3. 创生性地运用教材

体育教师应该充分发挥课堂教学内容可以灵活性选择的优势，以当“目标统领内容”的前提下，打开脑洞积极发挥自身的创造力，使教学内容不拘泥于现有的教材规定，只要能够达成教学目标，教师可以大胆地将其引入课堂教学，不仅丰富了教学资源，而且也有助于提高学生的学习兴趣。比如，体育教师可以利用互联网与多媒体技术手段，选择体育前沿最新的资讯和素材，不断扩展学生的视野，培养和发展学生的体育兴趣。

4. 对教学资源进行创编加工

体育教师对课堂教学内容的管理，还可以通过对现有资源进行创造性的编辑加工来体现。比如,为体现体育与健康教学的“健身性”“娱乐性”“生活性”“拓展性”等特点,可以进行更多地游戏性与趣味性的改编,既达到体育教学的目的,又达到愉悦学生身心的目的,让学生在轻松愉快的过程中进行学习。这就要求教师具备较强的创造力,能够对各种教学资源合理地增加趣味性,能够从学生的情感入手,使教学内容具有一定的情景性,更有助于引导学生积极参与,比如增加游戏、比赛、表演等形式,广泛挖掘课程资源,为实现教学目标创造条件,促进学生的全面发展。

5. 注重教学内容的系统性和连贯性

在突出课堂教学内容的灵活性、创造性的同时,也要注意保持内容的系统性与连贯性,即尽管可以灵活地调整和创造性地进行改编,但是都不能在整体上脱离教学系统,并保证前后教学内容具有一定的连续性,使前后内容有衔接和呼应,如此才能保证体育教学的系统性,而不是破碎的、凌乱的。在不同阶段安排恰当的内容是为了便于学生对整体的掌握,和技能的达成,但是当学期末将所有的内容整合后应该具有较强的逻辑性和完整性。

三、课堂教学方法的管理

(一)课堂教学方法的管理原则

课堂教学方法就是为了达成教学目标,在教学活动过程中所采取的教学方式、途径和手段。它反映了一定的教学思想,实现特定的教学功能,具有明显的针对性和实效性,在功能上与教学目标和教学内容保持一致。

其实,在确定了课堂教学目标、内容后,教师对教学方法的选择范围也已经初步有了判断,知道会选择哪种类型的教学方法。由于学生存在着兴趣、爱好、动机、体能、智能、认知、性格、思维方式、认识规律等诸多方面的差异,因此导致他们的学习方式也千差万别,这就需要体育教师全面地把握学生的各项特点,然后选择相适宜的教学方法。在管理教学方法时一般需要遵守以下几个原则。

1. 学习准备

学习准备包括学生的主观准备和客观准备。主观准备是指学生的学习意愿、目标、动机、兴趣以及是否主动进行探索和预习等。客观准备包括学生的知识基础、技能基础以及身体素质的基本条件等。只有主客观都做好一定的准备,才能让教学更加顺利地进行。因此,体育教师在对课堂教学方法进行管理时,在确定具体的教学方法之前,必须走到学生中间去,对学生的各种主要情况进行真实、具体的了解和评估,在基本掌握学生的一般特征和学习风格之后,再确定教学方法,只有这样才能做到"有的放矢"并真正地提高教学效率。

2. 适当指导

在体育课堂上,教师要谨记把大部分时间都留给学生进行实践和练习,而教师的主要职责是讲解教学目标和教学内容,作为课堂的组织者和监督者,学生是课堂的主体,教师仅在必要时候提供指导和错位纠正。学生进行运动技术的尝试练习时,教师应给予适当的启发与引导,并且这种指导多是方法上、思维上的引导,要留给学生充分思考、探索和想象的空间,逐渐培养学生自主学习的能力,并最终形成即使没有教师的指导时也能自主进行学习。这对于培养学生学习意识、学习方法和学习能力都有重要意义。另外,教师还可以设计分组讨论、互帮互教,发挥学生的协作能力和探究精神,从而提高学生的人际交往能力和社会适应能力。

3. 重复练习

重复练习是体育运动的主要手段,在课堂上有组织、有计划地重复练习,可以让学生快速地掌握运动技能。因此,无论是哪种项目,无论选择怎样的教学内容,都必须采用重复练习的方法。只有通过反复练习,学生才能获得知识与技能、过程与方法、情感态度与价值观,达成多种教学目标,当然重复练习应考虑练习次数的适宜性。教师应该根据情况调节重复的次数和练习的时间,以保证它的合理性、有效性和安全性。

4. 及时反馈

现代体育教学强调以学生的学习为主、以教师的教学为辅。那么作为学习主体的学生，他们必须对自己的学习进程有清楚地认识，要知道自己的练习目标是什么、该如何练习，以及做到什么程度，最后得到怎样的效果等。因此，教师要及时地对学生的学习和实践提供客观准备的反馈信息，对学生的错误及时纠正，并用亲切、自然委婉、通俗的语言适时地提示和指导动作，让学生明白成功学习后能够获得的益处。

5. 个别差异

最后需要注意的是，体育教师要充分意识到不同学生存在着兴趣爱好、动机需要、体格气质、习惯、情趣、认知、身体机能运动能力和思想认识及学习方法等方面的个体差异，这些差异决定了学生的学习速度和方式的不同。因此没有一种方法可以适合所有学生的特点。这就要求教师在管理教学方法时要十分灵活，并且对重点、难点教学内容要准备不止一种教学方法，通过多个角度的讲解，保证绝大多数学生都能掌握课堂内容。从而做到因材施教、区别对待，促进学生的个性发展，使每位学生都能够在原有基础上得到一定程度的提高。

（二）课堂教学方法的选择依据

1. 要符合现代教育的教学思想

体育教学本身是一门非常复杂的学科，在教学方法上有很多的种类和分支，并且随着现代教育技术的不断发展，教学方法也在不断更新中。但是无论哪种教学方法，一定要符合教学思想的要求，无论怎么灵活多变都不能偏离核心思想。在素质教育的大背景下，教学方法的选择和设计应坚持以“健康第一”为指导思想，以培养学生的终身体育意识和体育习惯为最根本的追求。每一种教学方法都是为了确保每一位学生都得到最合适的教育方式，使自身的潜能得到最大的挖掘。作为高校的体育教师，应该深刻钻研各种教学方法，并且能够创造性地加以整合和配置，以取长补短和互相渗透的方式，发挥多种教学方法的“整体优化性”，产生整体教学效益。

2. 要符合学生的实际发展情况

应从学生身心发展的实际出发，关注学生的兴趣爱好，满足学生的不同个性发展的需求，从学生的身体基础和知识基础出发，要充分考虑到学生的可接受能力，综合以上各个因素之后选择和设计相应的教学方法，从而使教学更符合大多数学生的实际情况。

3. 要符合教学目标的要求

课堂教学目标以及单元教学目标和学年教学目标都是教学方法选择和设计的出发点和归宿，只有依据教学目标选择和设计教学方法，才能符合教育教学思想的要求，才能以最有效率的方式达成教学目标。因此，在对教学方面进行选择和设计时，一定要以教学目标为重要的参考依据。

4. 要符合教师自身的教学水平

随着素质教育的提出和推进，当知识与技能不再是唯一的教学内容和教学目标时，对教师的教学能力也有了新的要求。以当前的发展情况来看，除了要求教师具备熟练的体育专业技能和基础的教学技能外，还要必须认真学习、研究、领会、掌握现代教育教学理论、教学方法、教学技术等，能够激发和保持学生的运动兴趣，开发和运用体育资源。并且最重要的一点是，所选择的教学方法需符合教师自身的专业水平和教学水平，否则，会因为教师自身水平的闲置而影响教学方法的正常发挥，进而影响教学效果。

5. 要符合当地的教学条件

再好的方法也要有相应的场地、器材等硬件设施，以及电教设备、多媒体技术等技术条件的支持才能正常完成。由于中国国土面积辽阔，人口众多，东西部经济文化发展都存在着相当的差距，因此，在确定教学方法时务必要考虑当地的教育教学条件，否则再好的方法也是“无源之水”“无本之木”。只有立足自身、从实际出发、符合自身情况的教学方法才是最合理的选择。

每一种教学方法都有相应的优势和不足，只有在充分认识到这一点的前提下进行选择，才能很好地发挥每一种教学方法的效果。以下以学导式教学方法为例，说明选择教学方法时需要注意的一些问题。

（1）演示动作技术原理，点拨引导学生，使学生形成正确的认知，激发学习的积极性和主动性。

（2）辅导学生自主练习，用心体会动作技术，感悟技术原理和动作方法。

（3）学生提出问题，教师利用挂图、卡片、录像、多媒体等手段进行讲解和示范，从多感官的角度调动学生的学习热情，增加学生的理解角度，目的是使学生获得并积累丰富的感性认识，从而加深理解。

（4）运用获得的技术知识和方法反复练习，体会与感悟技术与原理，验证与体验动作与方法，使学生从感性认识上升到理性认识，掌握技术动作，明确原理方法。

四、课堂教学过程的管理

课堂教学过程就是实施教学行为的过程，是教师教学艺术的集中体现。因此，对课堂教学过程的管理，可以直接反映出教师的教学水平和综合素质水平。当前的体育教学已不再是单纯的传授知识和技能的过程，它更多的是解放精神、体验美感、陶冶情操、培养情怀、释放个性、全面发展自我的过程。因此，教师对课堂教学过程的管理很多时候在于激励、唤醒和鼓舞。教师进行教学时，要始终明确"健康第一"的教学目标，并选择有利于达成健康目标的教学方法，同时要关注学生的个体差异和学习接受能力，对教学实施过程进行实时管理和调控。在具体的实施过程中，要把握好以下几个原则。

（一）课堂教学过程的管理原则

1. 明确"健康第一"的教学原则

体育教师要始终把促进学生的身体健康、全面锻炼学生的身体素质作为体育教学活动的指导原则，并且在实施过程中随时进行监督和调整，一旦偏离应立即纠正。要全面贯彻"健康第一"的指导思想，树立全新的健康教育观念，把健康作为教学的目标和灵魂。体育教学过程是生动的、活泼的，同时也是充满挑战和未知的，但是作为体育教师应该始终清晰地把握好"健康第一"这一原则。把学生的健康意识、锻炼习惯、卫生习惯和安全锻炼放在首要位置。在教学目标、教学内容和方法的选择以及教学实施过程，都要体现"健康第一"的原则性。

2. 重视教学过程的充分性和有效性

体育教学过程是一门丰富、有趣、充满探索精神的过程,也是集艺术与体育为一体的。体育教师要把各种技术、技能动作创编成具有丰富情境的“游戏”“故事”“比赛”等形式,使枯燥、单调的体育技能训练结合一些充满游戏色彩的情节,从而可以很好地激发学生的学习动机和学生积极性,使学生边学边用、体会到体育运动的乐趣,从而达到良好的学习效果。

(二)课堂教学过程的管理依据

1. 以学生的兴趣为依据

兴趣是最好的老师,具有兴趣可以让学生持续产生学习的动力,不断探索新的知识与技能,是学习过程更加顺利和有效。因此,教师在管理课堂过程时,应该从学生的运动兴趣出发,督促学生积极、主动、自觉地参与体育锻炼,并逐渐养成终身体育的意识,培养终身体育的能力和习惯,将体育活动作为生活的重要组成部分。另外,学生的运动兴趣直接影响着学生的学习行为和效果。因此,体育教师在教学中,应把激发和保持学生的运动兴趣放在中心位置,作为工作的重点。对于一些枯燥的环节应该尽量通过设计和巧妙的安排,与学生的运动兴趣或学习动机相连续,或者也可以通过情景教学激发学生的主动参与意愿。总之,体育教师对课堂过程的管理应该以学生的兴趣为重要依据,并能够及时调整内容和方法,使学生的兴趣一直保持在较高水平,这是实现学生由被动学习、机械训练向主动参与、积极探究转变的根本途径。

2. 意志品质的培养,是体育与健康教学的情感目标

对教学课堂过程的管理也是对学生情绪和体验的管理。只有学生的体验保持在正面的、积极的、主动的、享受的水平,才会投入足够的注意力和情感,才会收获更好的学习效果。人的身心发展是和谐统一的,运动实践行为不仅始终影响着、改变着身体机能,而且也同时影响着人的情绪和各种心理感受。体育运动对于学生的自尊、自信有很好的促进作用,还可以帮助学生及时排解负面情绪,如焦虑、紧张、抑郁等。体育教师应该在体育课堂上充分调动学生的正面情绪,形成良性的循环,进

而帮助他们克服一些学习压力、升学压力,以及可能由此产生的厌学、厌世、自暴自弃等不良情绪。人体在体育运动中,会分泌出多种有益激素,从而可以调节情绪、振奋精神,并获得愉悦的体验。尽管体育运动充满挑战性,也具有相当的难度,但是,体育教师应该通过合适的手段和方法,让学生能够更多地体会到运动带来的积极影响,而非疲劳、枯燥等消极情绪,这也是考验体育教师教学水平的一个重要方面。

3. 以发展和增强学生的体能为依据

高校的体育教学过程,是培育学生养成运动习惯,从而发展和增强体质的过程。因此,体育教师对课堂过程的管理要关注学生们的训练方法是否正确,是否获得良好的训练体验,并且经过一段时候后,学生的体质是否得到明显的加强和提高等。由于高校学生都已经步入青年阶段,已经具备了成年人的自我管理能力,因此高校的体育课堂具有更多的灵活性和自主性,教师不必对学生的学习互动与交流做过多的管理,而是应该把主要精力放在督促他们切实提高身体素质、增进体育技能等方面。与此同时,教师在教学过程中应留给学生培养和发展能力的时间和空间,促进学生完全自然地发展,成为“他要成为的那个人”,满足社会对人才的多样化需求。

第二节　高校课余体育锻炼管理

高校学生的课余体育锻炼也是学校体育教育的一部分,也是高校体育工作的基本任务。通过课余体育锻炼,可以增强学生体质,提高学校体育运动水平,丰富校园文化生活,推动学校体育的发展。因此,在开展课余体育锻炼的过程中,需要进行必要的管理,有效地推动高校教育教学的顺利发展。

一、高校课余体育锻炼的特点

高校的课余体育锻炼,主要是针对一部分具有一定体育运动天赋或者具有较强兴趣的学生进行体育训练，进一步地培养他们的竞技能力。一般地，具有以下几个特点。

(一)业余性

高校课余体育锻炼是一个有计划、有目标、有具体措施的相对专业的组织教育过程。这一过程既不同于专业运动员，也不同于广大学生在课余时间自行开展的为增进健康、娱乐身心的体育锻炼。它是在高校体育教师的指导下，进行系统的、有一定指向性的锻炼活动。但整体上仍然属于高水平的业余体育运动队的活动。

(二)系统性

高校课余体育锻炼的系统性是指训练的不间断性和相对专项性。这些参加锻炼的学生基本上是经过选拔的具有较强体育特长的青年学生，而课余体育锻炼的目的就是在现有的基础上，对他们的运动能力和运动技能进行更加系统的培养，即锻炼是一个连贯的变化过程。因为，任何技能的培养都需要建立在长期训练的基础上，并且这一过程是不间断的和系统的。只有这样，才可能使个体获得生物学改造，使技术水平得到显著的提高。

高校课余体育锻炼经过多年的摸索和经验总结，已经具有十分成熟的训练体系，并且具有一定的专项性特点。

二、高校课余体育锻炼的原则

高校的课余体育锻炼原则是依据高校体育训练活动的客观规律、经过长期的实践活动而总结出的一套成功经验，一般体现为以下几点。

(一)一般与专项相统一原则

这是指根据项目特点和学生水平，把一般训练与专项训练结合起来，以促进训练水平的普遍提高。一般训练是指根据专项运动的需要，选用多种多样的身体和手段，对运动员进行全面训练，使其增强体质和健康水平、提高身体各器官系统的机能、全面发展身体素质、改进身体形态、掌握一些基本的运动技术和理论知识，为进行专项训练打好基础。专项训练是指采用专项运动本身的动作，以及与专项运动技术结构相似的训练手段进行专门训练，目的是提高专项运动所需要的身体机能、身体素质和运动技术，当然后期还会包含战术的训练，以及心理素质的塑造，全面促进专项运动成绩的提高。

（二）以科学训练方法为原则

人体具有十分强大的统一性，各器官之间是相互联系和相互影响的，因此训练过程中必须以科学训练方法为原则，这是保证训练效果和训练安全的基本前提。体育训练表明，机体所掌握的各种动作技能、各种身体素质具有能力迁移的特点。因此，科学训练是提升运动技能最快最有效的方式。一般训练与专项训练的有机结合有利于多种训练的技能和素质向专项进行良性的迁移，从而使运动员身体、技术全面发展，持续提高训练效果和运动成绩。

（三）周期性和持续性原则

高校的课余体育训练具有一定的周期性，它是以循环往复又循序渐进的方式进行的。每一个周期学生的训练水平都比前一周期有所提高，运动训练就是以这样的过程不断地积累效应，最终提高运动水平。一方面，因为周期性原则符合人体发展的基本规律，另一方面，通过周期性的、不间断的训练，才能使学生的运动技能形成稳定的水平和状态。如果课余锻炼以断断续续的方式进行，那么同一个学生，他的运动技能的提高会出现截然不同的效果，断断续续地训练效果远远不如周期性、持续性进行锻炼的效果更稳定、运动技能更高。竞技状态是运动员获得优异运动成绩所表现出来的最适宜的准备状态，是通过长期训练获得的。经过较长时间的训练，引起运动员机体适应性的变化，机体能力、身体素质、心理品质、专项技术、战术等不断得到提高，从而形成统一的、具有专项化特征的竞技状态。

（四）适宜负荷训练的原则

适宜负荷的原则是指，根据学生实际承受能力和人体机能的训练规律，以及提高学生运动能力的需要，进行综合评估，然后在训练中给予相应量度的负荷，并以大、中、小负荷相间进行训练，直至最终取得理想的训练效果。现代运动训练的经验证明，负荷强度略大的训练是提高训练水平和运动成绩的关键。若负荷过小，则不能引起机体必要的应激反应。但过度负荷也会让机体发生劣变现象，甚至导致伤病的发生，因此，若要同时满足提高运动水平和安全训练两个条件，则必须选择适宜的负荷进行训练。

除了适度的训练负荷之外，还要有节奏地、循序渐进地加大运动负荷。在一次大负荷训练后，应给学生安排足够的休息时间，并在后续训练中，适当安排中、小负荷训练作为调整，以保持训练效果。而训练中处理好负荷的量与强度的关系至关重要，因此，需要在教师的指导下，依据人体发展规律进行科学合理的训练安排，才能保证课余体育锻炼的有效性。对于高校学生而言，在一个周期的训练中，通常是先加量，适应以后，再适宜地增加强度。当再次增加量时，强度要适当下降，而在强度再次增加时，则减小量，使量和强度呈起伏状态。

（五）区别对待训练的原则

区别对待原则是指在课余训练中，要根据学生的性别、个性、身体条件、训练水平、不同专项、不同训练任务和不同训练条件等方面，有区别地确定训练任务，安排相应的训练内容、手段、方法和负荷。

每个学生都存在着个体差异。即使同一个人，在不同阶段、不同时间，也会有不同的身体状态和情绪变化。这表明运动训练过程具有明显的个人针对性。同时根据训练周期安排的不同阶段和训练任务的不同，训练的负荷与方法也应有所不同。还要考虑各地气候、器材、场地等外界环境的因素，进行相应调整。

这就要求高校教师要全面了解学生的个人特点，并根据学生的生理、心理、智力以及训练水平等方面的特点，分别安排训练计划。在选择训练方法时还要注意对不同性格的学生也要有所区别。比如，对性格内向的学生要注意用温和的语言和措辞，多采取鼓励和注意情绪疏导；对于训练水平高的学生负荷量相应增大，对于训练水平低的学生则要施加较低的负荷量。另外，区别对待还体现在训练的不同阶段。例如，在训练的准备期，要加大运动量；在比赛阶段，则要适当提高运动强度。

（六）直观性的训练原则

直观性原则是指在课余训练中，充分运用多种直观手段，通过学生的感觉器官，激发活跃的形象思维，建立正确的动作表象，启发学生积极思维与实践，提高学生竞技水平的训练原则。直观原则在体育训练中一直具有重要的意义。作为一项运动科学,体育运动的绝大部分环节都是通过直观的形式进行表达的,因此,在训练中教师可以充分借助各种感官资料对学生进行训练。学生在学习和掌握动作的练习时,一般都是沿着直观(具体、生动的思维)、实践(建立动作表象、学习和了解技术要点)、建立概念(形成抽象思维)、学会和掌握动作技能的思维认识程序进行的。教师要善于使用示范与分解示范相结合的方式,并且正确示范与错误动作示范相结合。对难度较大的技术动作,可以采用保护和帮助,以加强触觉和本体感觉,建立正确的动作表象。

三、课余体育锻炼的管理任务

(一)加强训练计划的制定

各高校体育教师要根据学生年龄、身体素质、项目特点等科学合理地安排训练,加强对训练计划的制定,积极鼓励学生参加校内外的比赛、运动项目,从而不断地检验训练效果,提升训练信心。高校教师还要制定多年、年度、阶段和课堂训练计划。保证训练计划顺利实施是运动队管理的首要工作,在执行时要严格,并定期检查、修订。

(二)加强学生的思想教育

运动训练不仅是对人的有机体的生物性改造,也是对人的思想、品质、意志等方面的提高。从本质上说,课余训练过程是育人的过程。思想工作要建立在以人为本的基础上,需要校运动队的管理者和教师做大量的思想工作,激励学生内在的积极性,从"被管"转向"自管"、从"练我"转向"我练",以保证训练工作任务的顺利完成。

(三)关注学生的文化学习

课余体育锻炼是在保证学业正常发展的前提下进行的。文化课的学习和全面发展是学生运动员的基础,也是搞好训练的保证。如果文化课成绩太差,则应该抓紧补习,尽快赶上。否则也会影响日后的训练,不仅不利于完成学校培养目标,影响学生的成长,反而适得其反。作为体育教师也有责任和义务配合其他各科教师的教学安排,督促学生运动在训练的同时要搞好文化课的学习,不能顾此失彼。

（四）加强学生的生活管理

为了保证课余体育训练工作顺利进行，要解决学生生活中的一些基本问题。比如，饮用水、饮食、洗澡以及卫生防疫问题；适时教给学生有关营养、训练后解除疲劳以及伤后恢复等方面的知识；学校和教师要对安全和医护做好充分的准备，做好器材和场地的使用、维护和管理工作，以及合理安排学生的训练班次表等。同时建立健全各种规章制度，保证训练的顺利进行。

四、课余体育锻炼的管理内容

高校课余体育锻炼的管理内容主要包括选材、体能训练、技术训练、战术训练、心理训练、思想品德训练和智能训练等方面。

（一）选材

根据我们国家的国情，我们的体育场馆资源、体育器材以及体育师资都相对稀缺，训练经费不足，在这样的条件下，高校必须在选材方面提高标准。课余体育锻炼主要是针对那些有较好的体育基础、具有某方面的潜质、有望培养成才的体育特长生或资优生，并且，他们应该在身体、机能、心理、智力等各方面符合运动专项的特点，把有限的资源用在最合适的地方。在进行选材时，要从思想品德、体育综合表现、学习成绩、学习态度等方面进行全面的考核，在各方面都能达到一定的要求的学生才能进行训练。科学选材有利于发现具有运动天赋的少年儿童，避免人才资源的浪费。

运动员竞技能力中的一部分因素是能够通过后天训练产生明确改变的，即是可训练的，而另一部分因素则主要是由遗传特征所决定的，也就是先天性的。因此，在选材时要注意，寻找和发现先天性竞技能力高、后天可训练性又强的运动员，是选材的具体目标，是顺利完成多年系统训练过程的保证。选材因为具有较大的复杂性，并受到社会诸多因素的影响，难免有疏漏和误判，教师在工作中应该尽量做到周密细致，如果事后发现被选择学生并不适合进行课余训练，或者有资质较好的学生未被选出，都应该及时做调整，一切为训练的根本目的服务。

（二）体能训练

体能训练是指运用各种有效的训练手段和方法，目的是增进运动员的健康、改善身体形态、提高机体的机能水平、全面发展身体素质，为掌握运动技术和战术做好准备。

体能训练包括一般体能训练和专项体能训练两方面。一般体能训练是指通过一定的手段和方法，全面地发展学生的机体素质，提高各器官和系统的机能，为专项体能训练打好基础。专项体能训练是在一般体能训练的基础上，采用与专项运动紧密联系的专门性练习，有很强的针对性，其目的是发展专项运动技术和战术所需的运动素质，保证运动技术和战术的顺利掌握，在比赛中有效地发挥运动才能。

高校在进行课余体育锻炼的体能训练时要注意以下几点。

（1）体能训练要全面。青年学生正是身体机能发展最好的阶段，如果能在高校期间得到教师或教练的专业的、加强的指导，则可能得到很好的发展。但青年学生的一般体能训练应注意要全面进行，争取让学生的所有机能都得到充分发展，各种潜力能得到更好的挖掘。

（2）体育教师应该有意识地积极发现青年学生的专项体育潜能，在训练中要因势利导，争取做到及时发现、及时辅导，让有体育天分的学生得到较好的指导。

（三）技术训练

技术训练是指在学生具有一定的一般体能的基础上，培养他们掌握一些常用的运动技能和技巧，并逐渐向专项运动技术的训练过渡。运动技术是完成具体动作的方法，是提高运动成绩的重要因素。因此，作为具有一定专业性的高校课余体育锻炼，教师应该重视对技术的训练，只有让学生掌握了先进的运动技术，才能充分发挥其身体素质和机能的优势，为创造优异成绩做准备。

在进行技术训练时应注意以下几个基本要求。

（1）建立正确的技术概念。每一种运动技术都需要循序渐进地发展，而且要从学生的实际基础出发，不能揠苗助长，不能急于求成。能够入选高校课余训练队的青年学生，都是具备较好身体素质的资优生，对于这些学生，教师应该格外重视发展他们的技术能力，以让学生的体育水平和运动技能得到质的提升，这无论是对其个人发展，还是对学校体育教学的开展都具有积极意义。

（2）及时纠正学生的错误技术也是课余体育锻炼的重要内容。因为一些学生在课余时间自己进行体育运动的时候，可能不自觉地养成了错误的技术习惯，这对于日后的进一步发展会形成阻碍作用，因此，体育教师要及时地给予纠正，并帮助学生慢慢养成正确的运动技术动作。

（3）基本技术训练是关键。基础技术就和身体的基本素质一样，是发展体育运动的根本，因此，在课余体育锻炼中，教师要注重对基本技术的训练。同时，基本技术训练要有计划、有目的地安排与进行。在技术训练中，要防止脱离学生运动员的实际条件，片面追求学习高难动作，或者尚未具备相应的身体训练水平时，要求他们勉强地学习难度较大的技术动作。

（4）技术训练要全面、实用、准确和熟练。这是因为技术的运用需要各种能力的相互协调和配合才能更好地发挥。因此，在日常的技术训练中，就应该全面进行，并且重点发展实用的技术，避免过度追求炫技性强但实用性差的技术。

（四）战术训练

战术是指根据自己和对手的竞技能力与外部情况，充分发挥本方特长，限制对方特长，争取主动，确保比赛胜利或表现出所期望的比赛结果而采取的竞技计谋和行动。战术是在一定的身体训练和技术训练的基础上，根据比赛的需要形成的。高校的课余体育锻炼以技术训练为主，战术训练为辅，可以带领学生重点学习一些简单的、重点的战术，但是由于实际情况的限制，很难展开全面、深度的战术训练。而且，战术训练要依托大量的比赛，要经过高强度的反复训练，然后在实战中经受检验。对于高校课余体育锻炼而言，可以选择一两个重点的战术进行学习和训练，体会战术的精神。

在战术训练中要注意以下几点。

（1）培养战术意识，战术意识是战术训练的中心环节。训练学生要及时注意场上的情况，随机应变，迅速而正确地决定自己的行动，保持与同伴默契配合的心理素质。

（2）培养战术运用能力。在课余体育训练中，应当引导学生了解专项技术的基本形式和比赛战术变化的规律。培养战术思维能力，使其自觉地做到个人行动服从局部战术，局部战术服从整体战术。

（五）心理训练

心理训练是指在训练中，有意识地对运动员的心理过程和个性特征施加影响，使他们逐步具备在训练和比赛中能够自主调节心理状态。在现代竞技体育中，心理训练是训练的重要组成部分，越来越为人们所重视，并被列为运动训练的重要内容之一。在课余体育训练中，针对学生的不同年龄、性别、训练水平等实际情况，采用模拟比赛训练法、意念训练法，从而培养和发展他们的心理稳定性和自我心理调节能力。

（六）思想品德训练

课余体育训练本身具有教育的作用，是一个培养人、塑造人的教育过程。因此，在体育训练中也要进行有针对性的教育，使他们明确训练动机、端正训练态度，在训练过程中磨炼意志品质和培养拼搏精神，加强他们的精神风貌修养。为此，教师要做到训练育人，这是完成教练任务的前提。

思想品德是逐步形成的，不能操之过急，只有严格要求、持之以恒、循循善诱，才能逐步使学生形成良好的思想行为和道德品质。

第三节　高校高水平运动员运动训练管理

一、高校高水平运动员运动训练管理的原则

高校高水平运动队的训练是高校体育工作的重要组成部分。现代运动训练的发展是与现代科技方法的指导紧密相连的，使高水平运动队运动员在有限的时间内，提高训练质量、运动成绩、技术水平，是关系到我国大学生竞技运动的建设和发展是否具有生命力，形成具有自身特点的新型训练体系的关键。根据我国高校高水平运动队的特点，在组织实施高校高水平运动队训练工作时，应遵循以下原则。

（一）教育性原则

尽管是高水平运动队，但是教师在训练工作中，还是应该明确，训练对象是青年学生，不是专业的运动员。因此，训练的目的、方法、强度都有很大的区别。要强调高校育人的特征，将培育人才作为首要目标，对待运动员学生要严格管理，注重其思想道德品质的培养和教育，重点是使其全面发展。通过高校的运动训练，希望给学生带来较高的体育运动体验，形成积极乐观的生活态度，使其具备健康、自律充满斗志的精神面貌。

（二）差异性原则

由于高校高水平运动队的队员来自不同的生源渠道，他们都具有较优异的运动表现，在某些项目上有过人的成绩，但是，在文化课基础、专业素质程度、训练习惯等方面还存在着较大的差异。这就给教师的工作带来一定的挑战。尽管是同一个训练队的学生，可能对训练的需求差别较大。体育教师在制定训练目标和训练计划时，需要注意差异性原则，在专项素质和专项技术方面，都要尽量照顾到所有的学生。在选择训练方法时，也应采取不同的方法手段和措施，加以区别对待。根据训练对象的不同层次和水平、特点，尽可能安排采取不同的训练方法内容。

（三）阶段性原则

高水平运动队的训练还应该注意阶段性的原则。因为高校学生的首要身份还是学生，不能因为体育训练而影响了文化课的学习。因此，各阶段训练任务的划分应明确，根据年度竞赛总体计划或主要目标安排各个阶段的训练内容。运动员在校的时间一般是 4 ~ 5 年，训练与学习上的矛盾十分突出，难以保证训练质量。因此，体育教师要科学安排，既保证文化课的学习，也要充分进行体能训练、一般技能、专项技能等的训练，坚持阶段性原则，以督促训练的有效进行。

二、高校高水平运动员训练管理的内容

（一）训练时间的管理

高校高水平运动员在训练之外，都有繁重的专业学习任务，因此，一

定要把握好训练时间的安排。合理安排、科学训练是高校高水平运动队的时间管理原则的核心。合理地安排训练时间非常重要，无论在保持期还是集训期，一般而言，一次训练课平均时长为1.5小时，集训期接近比赛时，可以达到上午、下午各一次的训练，平时绝大部分为一天一次的训练。

有调查显示，有相当部分的高水平运动队教练员对准备活动的时间未加严格控制，运动员仍按老习惯用30～45分钟的时间做准备活动，加上高校运动员学习生活的管理比较分散，不能保证准时到场，致使每次实际用于基本训练的时间常常仅占总时间的50%（45分钟），甚至只有半小时。没有一定的时间保证，就没有一定的训练量的积累，当然难以产生质的突破。

（二）训练强度的管理

没有训练强度的保证，那么训练很可能空忙一场。保证一定的训练强度，可以有效地控制高水平运动队的训练质量。对大学生运动员而言，在严格要求的同时，应该针对他们是接受高等教育的专门人才这一特点，讲清道理，循循善诱，使之形成自觉训练的习惯。同时，还要理解训练时间的缩短对应着恢复时间的加长，短时间、大强度、高密度的训练与长时间、中小强度、小密度的训练对机体的刺激，具有相似性。对于高校高水平运动队而言，由于训练时间有限，可采取短时间、大强度、高密度的训练方式。

（三）训练营养的管理

恢复是运动训练的有机组成部分，由于它大多是在训练外的时间进行，所以就成为生活管理中一项重要内容。营养是影响青年学生运动能力的一个基本因素，运动队管理也应充分考虑运动员的营养安排。由于不同项目、不同年龄、不同性别、不同等级的运动员对营养有不同的要求，营养师应根据每个运动员的情况制定相应的食谱。同时应给每个运动员签发营养卡片，要求运动员详细填写进食、饮水量等情况，以便随时检查运动员的营养摄入情况，根据运动员的营养需要和食欲调整食谱。

（四）训练恢复的管理

高校高水平运动员的恢复是运动训练的一部分，高校学生与专业运动员不同的是，他们的绝大部分时间和精力都放在专业学习上，因此，在高校运动队的训练时间和内容都相对有限，也没有条件时长和体育教师保持密切的交流，因此，很多时候需要学生运动员具备一定的自律能力，特别是运动恢复，这些主要靠课后自行安排，这就需要体育教师在课上对学生的恢复计划给出翔实的指导意见，为学生推荐合适的恢复方法，争取在课后学生也能顺利地进行恢复锻炼，达到较好的恢复效果。

（五）训练课程的管理

对高校高水平运动队训练课堂的管理，应该本着积极严谨的态度，科学合理地对待每一堂训练课，以提高训练效果为主要目的。通过长期的实践总结，得出以下几个重点要求。

（1）体育教师要认真贯彻"从难、从严、从实战出发"和科学的大运动量训练原则，把握每一堂训练课。

（2）要围绕全年比赛任务提出竞赛目标，制定长期和短期的训练计划，包括全年计划、阶段计划、学期计划、课时计划等。

（3）上课前教练员必须认真备课，写出教案，每堂课都应有明确的训练任务和具体的训练要求，并带教案上课。

（4）每次训练课，体育教师要提前15分钟进入场地，做好训练前的一切准备工作。

（5）训练课结束时，要进行小结和讲评。

（6）教师要认真指导学生进行准备活动、热身以及放松活动，对于课后的恢复和营养，也要给出一定的建议。

（7）体育教师必须遵守训练课纪律，自觉做到不迟到、不早退，课堂上不接电话，不准聊天，不准吸烟，不准做与课堂无关的内容。

（8）体育教师要严格考勤、认真点名，掌握队员的出勤情况。

（六）高水平运动员心理的管理

高水平运动队都是一些具有运动天赋的学生。他们在过往的经验中，一直都是所在群体里中的佼佼者，因此，往往自视较高。但是，进入高校的高水平运动队的都是各个学校的高手，因此，有些学生难免会产生心理上和情绪上的适应和接受的问题，这就需要教师及时给予关注和指导，帮助学生顺利地度过这一阶段，并逐渐找回自信。

由于青年学生年轻气盛，遇到挫折容易气馁，很有可能因此产生自我怀疑的情绪，甚至会轻率地放弃体育运动队的训练，无论是对于学生个人还是学校都会带来损失。而体育教师往往要承担起这部分重担，留心观察学生的心理变化，及时进行正向的引导，根据不同情况，选择相适宜的方式进行疏导。比如，有的学生需要向内寻求动力，有的学生则需要向外寻求动力，教师要争取因人而异、因势利导，帮助学生运动员在心理上也获得健康的成长。

第七章 高校体育教育之教学主体的管理

高校的体育教学与其他阶段的体育教学相比，具有更高的挑战性和复杂性，这是由它的教学主体决定的。因此，在大力开展体育教学之前，高校首先需要对其教学主体进行充分的研究和分析，然后才能制定出切实可行的管理方案，才能让高校的体育教学顺利进行。本章，我们从体育教学主体概述、体育教师管理及师资队伍建设、学生管理三方面进行阐述，以期能够对促进我国高校教学活动的顺利开展提供一定的助益。

第一节　体育教学主体概述

一、关于教学主体的概述

在现代教育理念下，教师和学生共同构成了教学的主体，他们同时是教学活动的主导者和实践者，彼此相互协调、默契配合，最终让教学活动顺利完成。教学不再是教师单方面的输出、学生被动地接受的传统模式，而是强调“教”与“学”并重、共同推进教学活动的教学模式。因此，在研究现代体育教育教学时，首先要明确教学主体的基本特点和构成，才能真正对体育教学工作进行科学管理，只有充分了解高校体育教师的工作特点和内容，以及高校学生的发展特点和现状，才能真正做到对高校体育教学的科学管理。

二、教师主体角色的重新诠释

（一）高校体育教师的工作特点

高校体育教师面对的是即将步入社会的青年学子，他们已经初步具备了成年人的思想和价值观，形成了较为稳定的人格和性情，他们具有了独立思考的能力，对教师也有了更高的要求。因此，高校体育教师的工作相对更加复杂、更有挑战性，或者说也更容易获得成就感。就体育专业训练的课程而言，高校学生的体能要明显高于青少年儿童。因此，高校学生的体能训练和技术训练都会有更高的要求、更大的负荷。与此同时，高校体育教师的工作除了具有一般体育教师工作的特点外，还有以下一些特殊性。

1. 任务的多样性

由于高校期间的体育课程内容相当丰富，除了必修课以外还有大量的选修课，因此也意味着高校的体育教师肩负着更多的教学任务。体育教师必须掌握丰富的体育知识和扎实的专业知识，才能满足教学工作的要求。这些教学任务主要为教授体育理论知识与运动技能,此外高校体育教师还要关注培养学生的体育健身意识、保健意识、体育欣赏能力和体育组织能力等。

2. 教学的专业性

高校体育教师的授课特点与中小学不同的是,中小学以发展体能为主,掌握运动技能为辅,而当学生进入高校后,经过多年的体能训练,他们的基本功训练已经相当充分,体能基础也已经比较扎实,对高校期间的体育课程提出更高的运动技能和项目技能的要求,就需要体育教师要具有超强的专业功底和教学能力,指导学生学习更为专业的运动知识,和更为深入的运动技能的训练。现代高校的体育教学除了常规的体育课外,还有课余体育活动、体育比赛、体育俱乐部、高水平运动队等不同的形式,这些都属于高校体育教学的组成部分,都需要体育教师的指导和参与,因此,现代高校的体育教师必须具备非常强的专业能力。对此,为了能够胜任这一角色,体育教师就要不断地完善自我、坚持不断地精进,从而提升自身的专业能力。

3. 教学关系的互动性

体育教学的主体是体育教师与学生。而高校学生的身心发展已经趋于成年人,已经具备了较强的主体意识,在进行体育学习和体育运动时,有了更多的主动性和独立性,较少地依赖教师,他们喜欢自己去独立探索和尝试,他们更喜欢把体育教师当作顾问的角色,在遇到解决不了的问题时,再请求教师的指导。因此,大学阶段的体育教学具有更多的师生互动、交流,偏向于对学生体育意识的启发,鼓励和支持学生自主发展体育兴趣和专项运动的能力。

4. 教学研究的重视性

高校体育教学对教师的科研能力也提出了更高的要求,高校体育的教学任务除了完成教学大纲的内容以及常规的教学活动之外,还有一点比较重要,就是他们要承担一定的体育科研工作。为了满足高校学生对发展体育运动的要求,教师必须要具备较强的科研能力,能够与时俱进,紧跟学科前沿的发展动态,努力给学生提供一流的学习体验。除了专业技能之外,体育教师还要学习外语、多媒体软件、视频编辑软件等技能。

(二)高校体育教师的工作类型

1. 擅长教学的体育教师

体育教师最基本的职能就是开展体育教学。然而,教学技能却各有不同。那些对体育教学有着最深刻理解的教师能使教学最富有效果、效率更高、教学目标更易达成。这类教师更善于教学,深受学生的喜爱与认同。擅长教学的体育教师有以下几个特点。

(1)擅长教学和讲课的体育教师总体而言都一心热爱教育事业,有着丰富的教学经验,对学生的身心特点有全面的了解。教学态度严谨,常年潜心钻研业务,对学生有足够的爱心、耐心和责任心。

(2)擅长教学的体育教师表现出的另一特点是结合实际的能力很强,他们喜欢将教学与当下社会的发展趋势和新鲜事物相联系,这很符合青年学生的学习特点。另外,他们还积极学习最新的教学技术,为提高教学体验不错过任何一次提升的机会,甚至当条件不足时可以自己创造条件。他们还善于发现每类学生的学习特点,从而有助于激发和调动学生的学习兴趣,也有利于选择最适合他们的教学方法。

2. 擅长训练的体育教师

现代高校中的高水平运动队在某种程度上就是高校体育文化的一张名片。而体育教师是幕后的核心力量。高校的高水平运动队能够体现该校体育教师的综合能力和训练水平,这些教师能够将普通院校的学生训练出比较接近专业运动员的水平,这就是最有力的证明。一般来说,担任高水平运动队教练的体育教师,大多都拥有自己的专长项目,曾经在该项目上取得过骄人的成绩。同时,他们对相关项目也有较深的造诣。比如,乒乓球专项的体育教师可能对羽毛球或网球运动也很擅长。此类体育教师大多数拥有较为丰富的专业体育训练经历,有些甚至是退役运动员,由他们带领学校的运动训练队可以充分发挥其在运动训练实践领域的经验,对提升学校高水平运动队的综合水平具有重要的决定因素。

擅长训练的体育教师的特征主要有以下几点。

(1)具有长期的、丰富的运动训练经验,他们自己参与过专业运动员的系统训练。

（2）他们具有独特的训练方式，这种方法大多是由于其常年的个人经验的积累和总结得出。

3. 擅长科研的体育教师

高校的体育教学对教师的科研能力有较高的要求。但是由于我国体育发展路径的特殊性，体育教师在自身的成长过程中往往都在文化课方面有一些欠缺，这就为科研带来不小的障碍。但是随着教学改革以及国家对竞技体育发展策略的调整，新时代的体育教师逐渐改写了以往体育教师文化素质较低的局面。这些年轻的体育教师，他们不仅经历过非常严格的体育专业能力的训练，而且也具有较高的文化素质，这些科班出身的体育教师，基本上都具有全面的综合能力，在科研方面表现得尤其突出。

（三）高校体育教师的角色转变

随着我国教育改革的推进，体育教师在自身角色转变和认识上都有了新的提高。在社会发展过程中，教师最基本的职责是通过对文化知识的传播而发挥其功能，没有文化知识传递的需要，也就不可能产生教师的职业角色。但是在新时代背景下，以及体育教学的特殊性，高校的体育教师逐渐地将自身角色向教学活动的引导者和学生学习活动的顾问转变。他们的工作从单纯的输出转变为与学生进行及时、灵活的互动交流，从而使教学活动更加生动、更加重视时效性，同时，也意味着对体育教师提出了更高的要求。他们要具备广泛的知识，并且能够以生动形象的语言进行概括和总结，通过课堂教学等形式以最快、最有效的方法传授给学生。并且能及时解答学生提出的各种问题。在教学活动中，教师是发动、指导、评价学生学习活动的指导者和参与者。

同时需要指出的是，在现代社会，由于社会结构和教育结构的复杂性，需要教师适应多种多样的社会角色。教师不是作为单一角色出现的，而是一个“角色丛”或“角色集”。这就要求教师要协调好各种角色的关系，履行好角色的职能。

（五）高校体育教师的时代特色

和以往相比，我国高校体育教师在各方面都发生了显著的变化，这种变化也时常给人带来惊喜。随着我们国家综合实力的提高，教育普及的力度加强，更重要的是国家在发展竞技体育方面给出了全新的指导意见。这些都逐渐显现出成效，比如，以往由于对运动员文化素质的培训欠缺，导致我们的体育教育也深受影响。以往的高校的体育教师尽管具有过硬的专业水平，但是文化积累薄弱，长期来看严重制约了高校体育教学的质量。但是，在新时代背景下，我们年轻一代的体育教师基本上都是受过高等教育的专业人才，他们不仅具有强大的体育专业基础，而且在其他学科也接受了同样的训练，真正成为全面发展的体育人才。这对我们的高校教学注入了强大的活力。现代的高校体育教师，是一群充满活力、热爱教育事业、综合素质水平较高的专门体育人才，这是我们这个时代的体育教师的典范，也是国家体育事业发展的希望所在。

三、学生主体地位的再认识

（一）尊重学生的独立自主性

高校学生是一群具有独立自主性的年轻人，在高校的体育教学中，应该从学生的个性化发展需求出发，尊重学生的独立自主性，这是体育教育中实现学生主体地位的核心特征。体育教师应该在教学互动中鼓励学生主动地发展体育兴趣和体育技能，在教师的科学引导下，学生通过动手、动脑、动口等一系列的独立活动，充分地发展自身的各方面潜力，以兴趣为主导，逐渐地完善在某一方面的技能。体育教师必须给予学生充足的时间和空间，大胆放手让学生自己去尝试和实践，从而形成深刻的印象，教师要同时引导学生自主练习、独立研究，去逐渐积累经验和发展能力。在体育教育中要让学生学会独立思考、自主练习，而不是等教师告诉他该做什么怎么做，在教学活动过程中要使学生感到自己必须对所学的内容作出判断和选择，并对其负责。

比如，教师可以通过布置思考题来引导学生的自发学习意愿。

（1）为什么会这样做动作？

（2）怎样避免失败，如何增加成功完成的机会？

学生通过思考这一类问题，并且和同学展开讨论，而后根据自己的结论进行学习实践，有利于独立自主学习习惯的养成。

（二）发展学生的主观能动性

在现代体育教育中，追求对学生主观能动性的培养和发掘。在体育教学中，教师一边进行体育知识和技能的引导、讲授和讲解，一边也在培养学生的主观能动性、积极性。主要体现为在教学中创造一种有利于学生主动学习和探索体育知识技能的氛围，从而促使学生认真地投入体育活动，能自我激发身心潜能，主动钻研、尝试、总结经验教训，使教育活动具有高效性。另外，培养学生主动运用现有的知识基础对自己新的学习活动产生一个相对有效的监控和评价能力，通过反思进行归因，并据此调控学习策略和学习方法。并且经过反复实践，逐渐形成自己的学习方法体系，并将这种方式迁移到其他方面的学习和生活中。

（三）培养学生的创造性学习

为了真正落实学生作为创造性主体的地位，可以从以下两个方面着手。

（1）体育教育本身就具有民主性、包容性和开放性，发展身体素质和运动技能，本身就是非常个性化的过程。因此，体育教学活动非常适合培养学生的创造性。教师帮助学生立足自身的身体情况和兴趣爱好，大胆地发散思维和打开脑洞，使用具有创造性的方法进行学习和探索。教师可以发挥引导、监督的作用，只要能够保证学生的身体安全，可以宽容学生的“想入非非”，即使是离经叛道也不要过早评判。

（2）培养学生的批判精神，敢于质疑权威，不会盲从，不要放弃自身独立思考的权力。要学会用批判的眼光看待事物，积极吸纳其中合理的部分，质疑和摒弃不合理的地方，这是培养创造性的前提。

（四）鼓励学生进行自我发展

这是体育教育中全面实现学生主体地位的最终归宿。作为高校的学生，他们已经初步具备了较强的学习能力和思维能力，在教师的适当引导下，他们可以很好地自我发展，尽管在这一过程中可能会遇到很多困难，但这正好可以锻炼学生意志品质，培养他们的逆商和乐观精神。作为即将步入社会的青年人，他们的自我发展已经开始，通过高校的体育教学，可以帮助他们正确认识学习过程中的障碍和挫折，这也是挖掘自身潜力的重要途径。因此，学生作为具有发展性的主体，它强调以下三层含义。

（1）高校学生基本成年，但是还需要经过大量的实践活动才能逐渐让身心发展成熟，通过体育教育可以促使这样过程的顺利完成。

（2）高校学生在自我发展的时候，难免会出现不当的行为和认知，体育教师应该及时指出和纠正，让他们回到正确的轨道上。

（3）学生的可塑性很强，在练习过程中难免遇到困难挫折，教师应引导他们正确对待和克服，以利于更好地实现其发展性的主体地位。我们应该认识到，由于学生智力差异、身体差异，经验信息的丰富多样性，社会和教育价值引导的多向性以及个体接受的选择性，使得学生是具有巨大发展价值的主体。

比如，在耐力跑的训练中，因为学生的身体基础条件不同，学习进度会有明显差异，但是，造成每个人成绩落后的原因千差万别。这时候教师可以进行引导，帮助学生主动思考，找到限制自己成绩的主要原因是什么，以及该怎么克服。比如，有的同学是因为肌肉力量薄弱，需要加强腿部以及核心的力量训练，而有的同学是因为心肺功能差，肺活量低，那么可以通过练习游泳提高肺活量来调节。但是需要注意的是，在这个过程中，教师不能直接给出答案，应该培养学生自我探索，教师可以及时地给予点拨，引导学生找到克服困难的方法。

通过体育教学中的自我发展，学生能够学到解决问题的能力，而不仅仅是解决了问题。这有助于青年学生日后在生活中、学习中以及工作中遇到困难时，更加自信、自主地寻找解决复杂问题的方法。

第二节　体育教师管理及师资队伍建设

一、体育教师的管理原则和方法

对体育教师的管理是整个高校管理系统中的子系统，它具有自身的规律、原则、方法等。对教师的管理，是指学校的管理者通过对教师的管理从而实现对体育教学工作的管理，实现对学生、学校的管理。然而对教师的管理与普通企业中对员工的管理不同，它需要符合教育领域的特殊要求。一般包括管理原则和管理方法两个主要方面。

（一）体育教师的管理原则

根据教师工作的性质、特点、教师心理、现代管理学的理论，以及长期的实践经验，总结出教师管理应遵循以下四种原则。

1. 合理安排原则

每个教师都有自身的优势和特点，因此在安排工作时应该从教师的个人特点出发，做到扬长避短，发挥出教师的最大潜力。只有在合理安排工作的情况下，教师才会在工作中找到价值感和归属感，才能全身心地投入教育事业，才能享受工作过程，与学生建立起融洽和谐的师生关系，这是现代管理所提倡的一点，也是非常符合体育教师的管理原则。

2. 激励原则

所谓激励，一般是指一个有机体在追求某些既定目标时的愿意程度，它含有激发动机、鼓励行为、形成动力的意义。对教师进行激励会提高教师的工作热情和积极性。因此，这一原则要求高校的管理者在管理工作中，当教师的教学活动取得突出成绩的时候，校方应及时给予肯定和认可，通常是以适当的精神奖励或者物质奖励的形式体现。合理的激励是对教师辛勤付出的一种肯定，当教师感到自己的努力被看见、被赞赏的时候，他们会更加积极地投入日后的工作，这样就可以形成良性循环。

3. 按劳分配原则

按劳分配也是保证管理工作公正的最基本的原则之一。这一原则要求通过按劳取酬、优劳优酬，调动和保护教师的积极性，调节教师之间的关系。

4. 定期规划原则

这一原则要求教师的管理者对于教师队伍的建设和规划有目标、有举措。在现状和发展统筹加以分析的基础上，做好有关环节的控制工作。

(二)体育教师的管理方法

高校对体育教师的管理,与教师对学生的管理有着类似之处,也有不同之处。相似的方面是,无论是教师还是学生,如果没有纪律和约束,很难保证长期都能按照一定的要求和标准进行工作和学习。懒惰是人的天性,尽管有极少数人有惊人的自律,但是管理工作面向的是全体,因此,必须要考虑到共性的问题,并找到相应的方法进行有效管理。

1. 用法律法规对教师进行管理

法律法规是管理的工作的基本前提,具有普遍性、规范性和强制性等特点,因此适用于社会领域的一切行业和职业管理。在遵守具体的教育行业的规则制度之前,教师必须遵守国家法律法规,从一个合法的公民做起。

在教育和体育的法律法规中,关于体育教师的若干条款之规定,是进行体育教师管理的法律、法规依据。依法办事,能保障教师的合法权益,也能使教师的言行举止得以约束、规范。

2. 运用行政职能对教师进行管理

行政组织是受国家和人民委派,专门从事某项事务的管理工作,因此它施行管理具有权威性、指令性、针对性和自上而下等特点。行政组织管理职能的充分发挥,能够使教师管理的工作保持一定的稳定性和组织性。

3. 以岗位轮值方式进行管理

在高校的教学实践中,人们发现真正最能体察教师的人正是教师自身,只有在体育教师的岗位上进行长期的工作,经历过日复一日的工作洗礼,和学生们长期地互动交流,才能真正了解体育教师的辛苦和需要。因此,轮值管理的原则就是建立在这一基础之上,定期地轮换管理岗,让每一位体育教师都有机会管理教师队伍,让每个人的合理主张都得到充分的认识和发挥,这是对体育教学最直接有效的方式。

另外,管理岗位也有不为他人所知的难处,如果体育教师仅仅有教师的视角,而不能理解管理者的难处,那么有可能会对管理者的要求不理解、不支持、不配合。这对教学工作也会形成消极影响。这一原则的实施有助于拓宽管理者的视野，减少隔阂与误会。同时，还能有效地提升管理效率。

二、体育教师的管理方法

体育教师的管理可分为个体管理和群体管理两方面。对教师的个体管理，是指学校关于教师的选拔、培养、考核及聘任的过程。而对教师的群体管理，是指学校对于教师整体队伍结构的优化，充分发挥教师功能的过程。教师的个体管理与群体管理是相辅相成的，多数情况下是融为一体的。

（一）体育教师的个体管理

体育教师是学校体育教学或工作的直接执行者和组织者，是学校完成体育教学任务的主体。对教师的管理直接影响着教学情况，因此，必须引起足够的重视。一般而言，要从对教师的个体管理工作抓起。通过选拔、评估、审核等方式，为学校和学生筛选出合格的体育教师。

1. 体育教师的选拔

体育教师的个体管理是从教师的选拔工作开始的。在选择过程中要遵循一定的原则，这样才能保证被选拔出的教师具有较高的水准，符合我国教育部门的相关规定。

（1）德才兼备原则

对体育教师的德才的定位，从“教师”与“体育”两个方面进行考核。它要求体育教师既符合教师的标准，又要有过硬的专业技能，并且能够将两方面有机地结合起来，并在教学中进行合理的运用和发展，以保证教学的顺利完成。总之，由于体育教师职业的特点，在进行选拔时，必须坚持德才兼备的原则。

（2）有突出成绩者优先

教师肩负着为国家培养人才的重任，教师的水平不够，也影响和制约着人才的培养，因此，必须选择最优秀的人才担任教师的职责。但是评定一名教师是否优秀，在实际操作中有各种具体的问题，因此很难界定。那么，就可以通过考察教师过往的成功表现来作为重要的参考因素。就目前而言，在我国，教师一般是一经入选，就被确认为有教师资格,不论其经过一段时间实践是否适合教育工作,预备期一到一律定为助教,必然带来教师质量不高的后果。因此,在选择教师时要重视其过往的实际成绩,碌碌无为者或者对教育没有热情、只是想寻求一份安稳工作的人,应及时解聘,才是对学校和学生负责任的做法。

2. 体育教师的职称评定

体育教师的职称评定是管理工作的重要组成部分。体育教师的职称评定应同其他学科教师一样,根据上级有关部门的要求,使其经常化、制度化,保持评定工作的连续性。

多年来,在评定职称工作中,主要是从思想政治、学历、工作成绩以及经验等方面进行考核,但是难免还不够全面,难以真实地评定一个人才是否真的具有与职称相适宜的能力。因此,今后的评定工作中,还应该理论结合实际,比如要对教师的教学与科研、理论知识与授课能力等多方面进行评估,考核体育教师必须以业务能力、学识水平、工作成就、学生反响等为主要依据,防止片面地论资排辈的倾向,主次关系不能颠倒,要坚持不拘一格地选拔人才。

3. 体育教师的考核和聘用

体育教师的考核是指个人的德、能、勤、绩诸多方面在一定时期通过一定方式接受测评。聘用是指聘请教师担任一定的教学任务。对教师进行考核的重要目的之一就是为了聘用。考核和聘用有利于增强教师的责任感和进取心,有助于教师对自身的竞争力的清醒认识,并激励其不断努力提高内在动力。考核过程中需要把握的原则有以下几点。

(1)坚持全面衡量、各有侧重的原则。

(2)坚持实事求是、具体分析的原则。

(3)坚持在发展中看质量的原则。

(4)定岗定编、按岗聘任的原则。

(5)量才使用、职能相称的原则。

(6)优化结构、提高效益原则。

(二)体育教师的群体管理

有了优秀的教师个体在某种程度上奠定了高校教育的基本品质,然而独木不成林,个人是否能够发挥出最大潜力,还取决于其所在的群体。在现阶段,我国高校教师主要是以集体的形式发挥作用。所以,加强教师群体管理与加强教师个体管理同等重要。教师群体管理的核心问题是结构问题。结构是构成整体的要素及其相互之间的关系。如果结构合理,教师和队伍整体的功能就能更好地得到发挥。如果结构不好,不仅教师个体的才能不能得到发挥,甚至整体群体也呈现负面效应。因此,在进行教师的群体管理时,结构是重心。好的结构能够事半功倍,让绝大多数教师都学有所用,且能够产生强大的内在动力,保持自身业务能力的不断提升。良好的群体效应能在教师群体中发挥知识互补、能力互补的作用。

1. 体育教师队伍的结构

(1)合理的年龄结构

体育教师的年龄一般从20多岁至60岁左右都有。每个年龄段的教师具有不同的职业优势,比如,二十几岁的年轻教师,他们自身也才刚刚毕业不久,是充满活力的一个群体,和年轻的学生之间几乎没有代沟,很容易和学生打成一片,对教学形成有利因素。而年长的体育教师,他们有非常丰富的教学经验,并且已经形成了成熟的个人风格,对学生的管理能够有权威感,因此,在教学中更容易得到学生的信任和服从。因此,高校应该合理布局不同年龄段的体育教师群体,让每个年龄段的教师都发挥出其特有的优势,最终使整体的教学水平保持在较高的水平。

(2)合理的专业结构

不同专业的教师的比例及其相互关系状况,标志着教师队伍胜任教学、训练和科研的能力程度。由于各种原因,我国体育教师的学历构成状况呈较低水平,那么很难在学历方面进行十分严格的、硬性的管控,因此,专业能力的权重得到提高。原则上,高校教师群体的专业结构要适应现有教学和学校发展的需要,对于一些新上的专业或者项目,应该量力而为,不必盲目跟上。而带有本地或本校特色的体育项目,则应该加大发展力度,配备一定数目的相关体育教师。

另外,专业配置也是一个动态过程,今天合理的结构,到明天可能就不合理了。因此,教师群体结构是处于变化之中的结构,要随时保持灵活的发展态势,做好动态控制,使教师队伍结构在动态中保持合理。动态控制一般有以下三种方式。

（1）确立科学的结构标准，按标准控制。

（2）找准关键点和关键环节的控制。

（3）建立高效的工作机制。

2. 体育教师的进修提高

作为一名体育教师，基本修养就是保持自身专业能力和综合文化水平的与时俱进，要自觉地、不间断地进行学习和钻研，保持与国际上该专业的发展相同步。这样才能带给学生第一手的、新鲜的专业知识。但是，这不能紧靠教师个人实现，需要高校建立完善的继续教育机制，保证体育教师系统地、持续地成长。体育教师的培训应该同其他学科的教师一样，有大量的、多维度的培训和交流活动。

作为体育教师，要树立终身学习的思想，不断地进修提高，坚持知识更新和自我教育。努力进修提高既是教师个人的行为修养，也是学校关于师资管理中必不可少的工作内容。教师进修提高抓得好，有利于教师队伍合理结构的形成，有利于出名师、办名校。

高校在开展教师进修和继续教育工作中，应该做到有规划、有组织、长期稳定地进行。同时又要保证因人、因时、因地而异。体育教师的继续教育可以从以下几点入手。

（1）提高体育教师的综合知识，包括体育、教学、心理学、营养学等，还要不断提高教师的专业技能，并保持在一定的运动专业水平上。

（2）加强提高体育教师的教学能力，保证让他们的专业知识与能力得到很好的输出，能够与学生建立融洽的、紧密的教学关系。

（3）帮助体育教师保持一定的社会敏感度，对新思潮、新文化要及时关注。

（4）帮助体育教师取得新的资格，使每个体育教师都能发挥其特有的才能。

（5）提高体育师资队伍的工作热情，要怀有对体育教学的热情，发挥体育教师的积极性和创造性。

三、体育教师队伍的建设

（一）体育教师队伍的规划管理

在进行体育教师队伍管理时，对整体的规划管理是工作的第一步。

高校的体育教师并非仅仅传授体育知识和技能。他们的工作既要建立在一定的理论基础之上，又要有丰富的实践支撑，对学生的教学基本上呈现一种理论结合实践的循环上升曲线，因此，高校的体育教师是一群具有较高专业水平和教学水平的教育工作者。但是，为了保证教学的科学性与严谨性，仍然需要在教学准备阶段的初期做好规划管理。主要内容具体如下。

1. 制定体育教师编制计划

可以作为体育教学内容的项目非常丰富，但编制者要了解哪些内容最有利于学生的体育发展，将这些内容遴选出来，进行加工和编制就显得非常重要。为了确保编制内容以及教学实施过程中的科学性，必须确定一个统一的标准，此外还要考虑到本校的实际情况，包括校本体育资源、师资的具体情况以及学生的实际接受能力，尽量避免出现编排的教学内容可操作性较差的情况。

2. 制定体育课时工作计划

课时工作计划是具体实施体育活动的教学文件。因此，课时工作计划就是教学的最直观的表现，在制定时一定要遵守相关的原则和标准，从而保证教学的直观性、易懂性、可操作性和适应性等。由于现代高校体育活动形式异常丰富，因此在制定体育课时工作计划时，除了正式的体育课堂教学内容外，还有课余体育锻炼、课外体育俱乐部以及校际定期比赛活动等，都应该做好相应的规划和安排。这是对体育教师工作的最具体的管理。

3. 制定体育教师培训计划

在高校体育教师队伍的管理中，对体育教师的培训计划也是重要的环节。从时间长度上可分为短期培训计划和长期培训计划，从培训形式上可分为在职培训和岗位培训。

短期培训主要是针对当前最新的教育发展动向、学科进展以及具体的某些教学技术的普及和培训。而长期培训计划是指对教师职业发展的长期规划，比如攻读学位的计划。其中攻读学位的培养计划主要在体育专科院校中较为常见，培训的对象通常是体育教师，也可以是在体育领域颇有造诣的学生。这是一种切实提升我国体育教师水平的重要途径。

在职培训和岗位培训主要表现在以下两方面。。

（1）在职培训

在职培训是指在职务岗位上时在课余时间参加的培训。

（2）岗位培训

这是为了适应体育教学的需要，为体育教师提供的一种有目的、有组织的培训活动，以期使体育教师通过参加此类培训活动而达到体育教学的基本任教资格。通常情况下，这类岗位培训是脱产完成的，大多数为上岗之前进行的培训。

4. 制定体育教师引进计划

高校的人才引进也是发展和管理体育教师队伍的重要途径。高校要制定相关的人才引进计划，要制定出科学的引进标准和引进流程，人才引进是长期工作，必须重视，从做好规划做起。这其中有很多方面需要注意，但最重要的就是要注意人才引进需要具有层次性，以确保高校体育人才的全面性和可持续性。

5. 制定体育学术交流计划

制定体育学生交流计划是促进体育教学持续发展的重要动力来源之一。现今各个学术领域中的交流活动众多，它们不断地为学科发展补充新鲜血液，推动着该领域不断地向前发展。体育学术交流也应积极地开展起来，让体育界、教育界各方能够通过交流共享信息、互通有无、促进研究。为此高校应该对这些交流活动有一个明确的计划，这是保证交流活动正常开展和有序进行的基本保障。

（二）体育教师队伍的选拔管理

体育教师作为体育教学的主体之一，对课堂的组织、教学、控制和管理有着较多的决定权。因此体育教师对课堂教学的效果会起到决定性影响，那么，对体育教师的选拔工作显得异常重要。在进行选拔时，应严格遵循以下两个原则。

1. 师德为先原则

作为一名教师，师德永远是要考虑的第一标准。它要求体育教师除了具备基本的体育理论与技能外，在思想意识、道德水平以及生活方式等方面都应该有较高的要求，只有这样才能胜任教书育人的岗位。将师德为先作为选拔体育教师的原因，主要在于许多体育教师是运动员出身，早期文化教育方面的欠缺，可能会让他们的自身成长具有一定的局限性，甚至没有养成良好的行为习惯，如果不严加控制，则可能给学生带来负面影响。

2. 公开公正原则

体育教师的选拔一定是建立在公开公正的基础之上的，这个原则具体而言就是要求选拔渠道的广泛性、选拔机制的合理性、选拔过程的科学性等。对体育教师的选拔既要重视理论，也要重视实践，另外在选拔中要严格选拔规则，公开公正地选拔人才。

3. 体育教师聘任管理

合理聘任优秀体育教师，能够对教学工作的进行和教学工作质量的提高起到积极的促进作用。这是保证体育教学工作顺利开展的重要管理内容。为了保证聘任到的体育教师拥有较高质量和适应体育教学实践的需要，应遵循以下几点原则。

（1）按岗聘任

逐渐由“以人为中心”转变为“以事为中心”，从注重个体发展转变为注重整体结构与功能的优化。通过对体育教师岗位意识的强化以及体育教师职责的明确，来避免岗位设置不明确、职责不清的情况。

（2）职能相称

体育教师的专业各有不同，这里所谓的专业主要是指体育教师掌握的项目技能的差别，或是在体育研究领域的不同水平。为此，在选择体育教师时就要充分考虑到学校体育教学的实际需求，选择出与教学计划的需求最匹配的教师，将他们的特长充分发挥出来。

（3）职称评定

根据体育教师的综合能力给予他们符合自身素质水平的职称，这是激励体育教师再接再厉、激发他们工作热情的良好方式。

（三）体育教师队伍的考核管理

体育教师考核是评价体育教学效果的最佳方式，通过考核才能了解体育教学的过程是否顺畅、结果是否符合目标。在对学校体育教师进行考核时,应该遵循如下原则。

1. 发展性原则

事物是永远处于发展运动过程中的,任何事物的发展都会带来原先形态的改变,对于体育教师考核管理来说,要想实现管理目标,就需要秉承发展性原则。现今体育教师的发展速度很快,其思想品德、意志品质、业务水平是不断变化发展的。因此,对其进行考核的方法与管理行为也要与时俱进,不断探索用新方法和新思维对体育教师进行考核。

2. 实事求是原则

客观公正的考核结果才能真正体现体育教学中的问题,同时也能发现其中的优点。为此,体育教师考核管理就要本着实事求是的原则进行,考评中要做到从实际出发,尽量排除主观因素对考评结果的影响,由此进行实事求是、公平公正的考核。

3. 全面性与侧重性相结合的原则

全面性原则是指考核体育教师的指标要全面,即对其中的软硬指标都要有所考虑,甚至在有需要的情况下还要对其中的指标有所侧重,以具体的考核目标为依据有针对性地选择具体的指标进行重点考核。

(四)体育教师队伍的评价管理

对体育教师的评价进行管理的核心要素在于对体育教学过程与结果产生的各种信息的收集,然后根据这些信息采用定性或定量的方式对体育教学效果进行判定。常见的体育教师评价方式主要有以下三种。

1. 教师的自我评价

体育教师对自己在体育教学前、中、后三个阶段的表现进行评定。自我评价要求教师要客观和实事求是,不过从心理学的角度来看,往往这种评价的结果会高于自己的实际表现,这也是非常正常的情况。

2. 领导与同事评价

领导与同事的评价相对自我评价来说更加严苛,特别是来自领导的评价,不过这种评价的优势在于它比自我评价的准确性高,水分更少。而来自同事的评价也比较类似,不过鉴于同事对体育教师的了解度更高,因此来自同事的评价准确度会更高一些。

3. 学生的评价

作为体育教育的主体,学生对体育教师的评价是最为直观的。但是,由于学生受到其自身知识水平、理解能力、喜好等因素的影响,往往其评价的主观性相对较强。例如,一些学生对于体育教师在课堂安全方面的批评表现出不理解和不满,在评价教师时就可能出现带有情绪化的评价。

第三节　学生管理与发展

一、高校体育教学中对学生的管理

(一)学生管理的原则

在高校体育教学中,学生管理是工作的重心,具有复杂性、持续性等特点,它涉及多方面的内容。在长期的实践中,总结出如下几项原则。

1. 增强体质原则

体育教学的根本目的就是增强学生的体质,培养良好的运动习惯,掌握一些主要项目的运动技能。因此,对学生的管理需要围绕在这一原则之下进行。通过一定的训练方式,逐步培养学生掌握一定的运动技能,塑造身体形态,形成自身的运动偏好和风格。可以通过丰富教学内容、教学形式等手段提高学生的主动性和积极性,但无论选择哪种内容或者教学形式,都应该重点关注学生的体质发展情况,并对学生进行阶段性的体质健康状况评价,给学生科学有效的反馈数据。

2. 增进健康原则

增进健康原则需要全方位地对学生的学习和生活进行管理,一般包含以下几方面内容。

（1）督促学生养成规律的运动习惯，保证每人每日1小时的运动时间，循序渐进并持之以恒，逐渐发展出较高的运动技能。

（2）学校应积极提倡学生养成规律的生活作息，不熬夜，保证充足的睡眠时间。

3. 普及为主原则

普及为主原则是指在高校体育教学与竞赛活动发生冲突时，应该明确，高校的体育教学与职业运动员不同，应该以发展身体素质、增强体质为主，比赛成绩为辅，切莫本末倒置。

4. 全面发展原则

学生管理的另一个重要原则是全面发展原则。高校的体育教学是促进学生全面发展的有力手段，因此不要冒进地追求运动成绩，普通高校的学生应该将体育运动作为在校学习的一个均衡器，在学习书本知识和锻炼身体之间达到某种协调或者平衡，从而促进学生的身心全面发展。

在体育教学中，学生管理要落实在体育教学、训练活动、竞赛任务等方面上。宗旨是提高身体素质与体质健康，促进学生所有系统、器官的协同发展。此外，还要对学生进行美育教育，包括运动美、体态美以及审美等，从而提高学生的审美、爱美能力。

（二）学生管理的内容

1. 体质健康管理

体育教学对学生管理的首要内容就是体质健康的管理。青年学生正是生机勃勃的年龄。由于学业压力大，精力旺盛，反而容易在不知不觉中透支健康。比如，过量运动、休息不足、睡眠不足、营养不良等。因此，高校应该重视起对青年学生体质健康的管理工作，主要有以下几方面内容。

（1）健全组织机构

在高校体育教学中，要健全组织机构的职能，针对学生的身体健康做定期的检测和评估。包括身体形态、生理机能、身体素质、运动水平等。

（2）建立管理制度

学校管理部门应建立并完善学生健康管理制度，组织学生体检后将检查结果记录在学生档案内。此外，要重视对体弱群体、患病学生等的健康管理，学校应安排医务室医生和教师对他们进行专项管理，师资力量雄厚的学校可以开设保健康复体育课程，将体质健康管理工作顾及全方位。

（3）加强健康教育

高校应设立专门的卫生健康管理部门，充分做好对学生的健康教育和宣传工作。把对学生的健康教育培训作为一项长期的工作内容，它包括个人生活习惯、防疫常识、营养保健、心理卫生等方面，进一步提高学生的个人健康意识。

（4）建立健康档案

从入学开始，学校应该每年对学生的整体身心健康情况做全面的评估，并设立相应的等级，从高到低，范围从大到小，按照学院、年级、专业、班级、个人的顺序整理全校学生的体质与健康档案。经过这样的整理，方便教师和学生日后可以随时进行查询和阅览。

（5）常设卫生防疫站

按照班级或者宿舍等不同的方面对学生进行卫生健康管理。比如每个宿舍楼应该常设卫生防疫室，提供消毒用品、口罩等物资，可以方便学生取用。

2. 课堂纪律管理

课堂纪律是一个老生常谈的话题，教师对课堂纪律的管理常常能侧面反映出这一班级的成绩情况。比如，教师的课堂秩序有序且活泼，那么说明学生的学习积极性较高。因此，加强教师对课堂纪律的管理艺术，也是对教学效果的保证。做好学生的纪律工作是提高教学水平的关键，在大部分学科中都存在这个规律。

（1）教师需要在正式上课之前，就向学生明确课堂纪律的具体要求，并且严格要求，执行到位。比如常见的要求如下。

①学生在上课之前必须换好运动鞋和运动服，如果教师还有其他的要求，都需要在课前准备充分，如有问题需在课前和教师或者班长沟通协商，不要把问题带到正式课堂上。

②体育课上除了必要的运动装备以外，如运动手表或心率带，不

准佩戴其他任何饰物，尤其是金属的、有尖锐部位的如戒指、钥匙、项链等。

③课堂上不做与教学内容无关的事情。

④不逃避训练，坚持完成教师安排的学习任务和训练内容。

（2）教师要随时维护课堂纪律，保证课程顺利有效地进行。

①在教学过程中要求学生自觉遵守纪律。

②学校要在教学安排上有明确的对教学纪律的规定。

③体育教师要及时地反馈教学情况，包括同学们在遵守纪律方面的表现和努力。对正面的表现进行表扬和肯定，对负面的要及时指出和纠正。这样长期地执行下去，会有利于学生形成自觉和自律的好习惯。

（3）培养体育骨干。在体育教学中，要大力培养骨干分子，发挥他们的带头作用。作为体育骨干分子，要大力协助体育教师的班级管理工作，从而提高教师体育教学的质量与效果。

（4）注意教学层次。体育教师要结合学生不同的身体条件来制定切实可行的教学目标，并采取有针对性的教学方法和手段，保证良好的课堂纪律，促进教学质量的提高。

3. 课外体育活动管理

除了体育课之外，高校还应该安排丰富的课余体育活动，培养学生的体育兴趣。在活动安排之前，教师应该对学生进行全面的调查和访问，对近期的学习情况有所了解，在这一前提下，应根据学生的实际情况和兴趣特点开展各项体育工作，从而使活动更有效率。对课外体育活动的管理，需要学校和体育教师，以及其他学科的教师进行充分有效的沟通协商。一方面，这有利于校方对活动的支持，包括人力、物力、管理等各个方面；另一方面，也能保证选择一个适当的时间，比如安排在课业不那么紧张的时间段，这样能保证学生全身心地参与到课外体育活动中，得到最佳效果。在管理学生的体育课外活动时，应该重点把握好以下几个方面的原则。

（1）需要性原则

高校学生有对课余体育活动的需要，而且这种需要具有多重意义。比如包括提高运动技术、锻炼身体、优化身体形态、获得满足感、锻炼社交能力、放松休闲等，而学校开展的丰富的课外体育活动基本能满足这些需求。

（2）多样性原则

课外体育活动通常是学生自主的行为，因为，为了能够充分地调动起学生的参与欲望，学校应该一定程度上保证课余体育活动的多样性原则。通过给学生多样的选择，让他们可以从自身的兴趣出发，并且能够根据实际情况进行选择和调整，可以得到多方面的锻炼，积累不同的经验等。

（3）指导性原则

虽然学生参加课外体育活动是自主行为，但是体育教师也有义务帮助学生选择适合的项目，对学生的技术进行必要的指导，以及提供安全运动的相关知识等。保证学生在进行课余体育活动的过程中，具备相应的安全意识和安全知识，让课余体育活动顺利地进行，从而真正实现让学生享受体育运动，并逐渐增强体质、发展身心。

（4）可行性原则

可行性原则是指，学校和体育教师在安排设置课外体育活动项目时，要从实际出发，要结合学校的场地、设施、人员等客观情况，以及学生的个性化需求等主观因素，要经过全面的、周密的思考和设计，要保证课余体育活动的可行性、可以执行多长时间，以及可以容纳多少学生参加等。

4. 学习评价管理

（1）教师应该及时地、恰当地给予学生学习评价。即使是课余体育活动，教师也应该适当地给出评价和反馈，这是为了帮助学生建立起良好的学习模式，即每一次的学习和努力都应该知晓其结果。这样有利于学生对自己的每一次付出都形成相应的预期，长期坚持可以形成良好的学习习惯。

教师在对学生的学习进行评价时，要按照一定的标准，比如达标情况、成绩、学习态度以及学生的自我评价和学生之间彼此的评价等。

（三）学生管理的方法

1. 奖惩法

奖惩法是指用表扬和批评、奖励和惩罚的方式对学生的行为进行有效管理的一种方式。奖惩法的合理使用对于教学质量与水平的提升具有很大的帮助。比如,教师可以在教学过程中,对表现优异的学生进行鼓励与奖赏。学生犯错时予以批评指正,如果严重违纪要进行警告与惩罚。

2. 隐性管理法

隐性管理法是指除了明确的教学目标、教学任务、教学过程所要求的那些规定,以及教师在课堂上下对学生的管理之外,非直接的一种影响学生心理状态和行为选择的管理方法。它是以间接的、隐蔽的形式,对学生产生潜移默化的影响,使学生在觉察、醒悟、理解之后,行为或思想发生变化。隐性管理法大致可分为以下几种类型。

(1)动作启发法

教师是言传身教的职业,因此,除了讲课的直接语言之外,在体育教学中,体育教师的肢体动作、态度、表情等都会传递出一定的信息,而这些信息会被学生直接捕捉到,并会进行一定的内化,从而对体育教学效果产生一定的影响。

(2)情感交流法

人是情感的动物,青年学生的情绪更是丰富而充沛,因此,体育教师可以通过情感的交流方式来增进教学和对学生的管理。在体育教学过程中,学生可能会有消极的举动,如厌学、学习懈怠、对体育成绩自暴自弃等,这些负面情绪会对教学造成不良影响。因此,体育教师应该在课堂上努力调动和影响学生的情绪,通过情感交流,唤醒学生的学习热情,提高教学质量。

3. 柔性管理法

柔性管理是现代管理的方法之一,与传统的刚性管理相对,它们之间有着本质的区别。刚性管理主要计划、组织、协调、控制,它体现的是权威性和强制性;而柔性管理更重视对心理层面和行为规律进行研究,将教师的意志转化为学生的需要,从学生的角度出发,理解、激励、接纳学生的真实想法和感受。作为教师,应该主动地关注学生的心理变化,并及时进行疏导。从整体来看,柔性管理在教学中的应用具有以下要求。

(1)个体重于群体

即学生的兴趣、爱好、性格、身体素质、运动能力等都各有不同,但是每个个体都应得到同等的重视，这就要求体育教师能够因材施教，在现代教育理念下，要理解学生的差别，注重学生的个性发展。而传统的“一刀切”式的教学方法显然是低效的、不科学的。近年来，很多高校都按照学生特点进行分级教学、专项教学等个性化教学组织形式，这很好地尊重了学生的个性化学习需求，真正地体现了个体重于群体。

（2）内在重于外在

体育教学的学生管理包括外在管理和内在管理两种方式。外在管理包括课堂纪律、教学要求等，属于物化的管理形式，具有强制性。内在管理的核心是强化学生的学习动机，它能够提高学生的积极性、自主性和能动性。因此，体育教学的观念要从“强制”转变为“引导”，确立学生的主体地位。

（3）肯定重于否定

在对学生的管理中，肯定与否定是常见方式。柔性管理中，肯定要重于否定。人们都渴望得到尊重，其中包括别人对自己的关注、接受、支持、赞许等，同时也包括自尊自爱，如果满足不了这些需求，人就会有自卑、无助和软弱的感受。因此，教师在评价学生时，要充分肯定其长处，不仅能满足他们的内心，而且能使他们更加自信。

二、学生的发展

体育教学的对象是学生，学生的身心发展具有一定的规律。在体育教学中，制定教学目标，安排教学内容，采用相应的教学组织形式、教学方法和措施等，都必须从不同年龄、不同性别学生的身心发展的特点出发，符合他们的接受能力和体质状况，因材施教，才能促进学生身心发展水平的不断提高。要培养和发展学生个性，首先就要发现和辨认个性。对个性鲜明的学生，允许他们保留那些“特点”，教师不要武断地批评和否定，更不要随便给学生贴标签，比如“不合群”“捣蛋鬼”等，而是注重对学生个性、创新意识等的培养和发展。

（一）发展学生的个性

在体育教育中，发展学生个性的方法有多种，掌握运动技能和发展体能教法，都有可能发展学生个性，但在体育教育、教学过程中，发展学生个性还有比较适用的方法。比如，在授课时，教师提出问题和要求，但不讲解，也不示范，以激发学生自由联想，充分发挥学生自身的想象力和理解力。通过自由联想，学生对教师提出的问题和要求，已经在内心演练一遍，或者已经和同学们尝试着摸索了一些，在这个过程中，学生是顺应着自己的个性发展的，没有受到教师的干扰，因此，对发展学生个性非常有帮助。

（二）发展学生的创新意识

高校体育教学要想发展学生的创新意识，就必须营造出适宜的环境。例如，田径、武术、体操等项目，经过长期演练已经形成了固定的格式，所以在这些项目的教学中要发展模仿教学，而各种各样的游戏和对抗性的比赛也能给学生创造性的发挥提供空间。此外，意识是行动的先导，在体育教学中培养学生的创新意识也是创新教学的一个重要环节。

（三）丰富学生的课余锻炼项目

课余体育活动是学生进行体育锻炼的主要途径，占据了大部分的比重。高校学生的生活场景主要是以校园为主，如果学校不提供丰富的锻炼选项，比如只有跑步和篮球，那么就不利于学生开展课余体育活动，也就逐渐减少了锻炼的机会。因此，学校应根据自身的情况，大力发展课余锻炼的项目和领域，丰富学生的锻炼选择。

第八章 高校体育教育之教学资源的管理

高校体育教育中，除了教学主体之外，还有非常重要的一项即教学资源。体育教学资源可以说是体育教学的地基，一切建设都要从打地基开始，如果没有一个坚实的、稳固的、可靠的地基支持，那么一切上层建筑都是无源之水、无本之木。高校体育教育资源，一般按照物力资源和财力资源进行划分。因此，本章将从高校体育教学物力资源的管理和高校体育教学财力资源的管理两方面展开研究，努力把高校涉及的物力与财力资源全面覆盖、透彻分析，希望为体育教育特别是研究体育资源管理的同仁提供一些借鉴，对高校的体育教学资源管理工作有些积极的助益。

第一节　高校体育教学物力资源的管理

高校的体育教学物力资源主要包括体育场地、体育器材和体育教学设备方面的一切准备，由此产生的维护、维修、翻新等也都属于物力管理。没有必要的物质基础，体育教学很难顺利开展，它们是体育教育实施的基本保证。因此，必须加强对体育场地、器材和教学设备的管理工作，提高它们的利用率和使用寿命，发挥其最大功能和作用，同时还保证以最经济的成本运行，这些是高校体育教学物力资源管理的重要内容，要科学合理地进行规划。学校应就自身实际情况和实际需求合理地配置资源。通过科学管理，不仅使各种体育场地、器材和教学设备发挥出该有的功能，而且还能发挥协同作用，成为学校体育教学的稳定后盾。

一、场馆资源管理

（一）管理要求

1. 功能齐全，配置合理

为了保障体育教学、体育课余活动和体育训练的正常进行，必须保证体育场馆功能齐全、配置合理。例如，高校根据自身的场地情况、运动长项、资金预算等，可以选择建造篮球场、排球场、乒乓球台、足球场、羽毛球场、网球场以及游泳馆等专项运动场馆。同时，还要考虑对田径、体操、武术等常见体育教学项目的兼容情况。

2. 安全卫生，环境优雅

学校的体育场、体育馆的维护要有专门的人员负责，要有日常维护、保洁等，要保持场馆的干净、整洁、安全，环境也要保持优雅。学校体育场馆内，几乎每天都有学生在里面运动，因此必须做好卫生和维护工作，这样才能更好地提高体育教学活动的质量。通常体育教学场地周围2米以内不能有障碍物，长期使用的大型器材应相对固定摆放，并定期进行检查，保证安全使用。体育器材和场馆地面要保持卫生，对其进行定期的消毒和保洁，保证师生的身体健康。

当然，对场馆的管理，还包括对体育文化的管理和营造。学校要从发扬体育精神着手，将体育文化融入教学内容的同时，也要体现在每一个角落里，努力打造新时代的、先进的高校体育教学环境。

3. 摆放整齐，制度健全

体育场馆内要配备各种体育教学器材，而且要科学合理地布置，分门别类，摆放整齐。要有专人管理，做好借出归还的登记工作，尤其是小型器材，耗损快，容易遗失，为了保证教学的顺利开展，必须建立相应的制度和管理机制，并定期对设备进行维护和保养，方便教学活动的进行。

体育场馆的管理是一项长期、细致、艰巨的工作，因此，必须从制度化抓起，实施管理的责任制，专人专管。在高校体育教学场馆的管理工作中，许多工作都是看似简单同时又非常重要的。比如检查、维护、保管、保洁等工作，都是比较枯燥的工作，在日复一日的过程中就容易产生精神疲劳和懈怠。因此，学校的管理工作需要对此多下功夫，制订合理健全的管理制度，有效地督促和提高场馆工作人员的工作积极性。根据学校规模的扩大速度和程度，以及器材和设备的正常使用磨损情况，进行定期清查并及时做出修复或补充计划，上报体育教研室和上级有关部门。加强对体育场地、器材和教学设备的安全性检查，避免伤害事故的发生。加大正确、安全使用场地、器材和教学设备的宣传和教育，动员更多的使用者自觉保护和合理使用这些物质条件。

（二）管理制度

体育场馆的管理制度是最基本、最重要的管理依据。高校教师在进行体育教学与训练活动时，主要是在体育场或体育馆内进行。如此一来，全校这么多学生的体育教学必须进行合理安排，协调好场馆的使用时间。比如，对不同班级和不同项目的安排要穿插进行，避免对同一场地使用的挤兑情况，当然，这是一项非常复杂的工作，需要细致地、完善地做好安排。除此之外，体育场馆的使用，应符合以下基本规定。

（1）必须严格遵守体育馆的时间安排，课表上的每节课，要准时上课，准时下课，这样才能保证整体的场馆使用秩序，不会打乱预先的安排，非上体育课的学生不得擅自进馆活动，闭馆时请自觉离开体育场馆。

（2）在课外活动时间，也要严格按照预定的时间执行，不能拖延或占用非预定的场地。

（3）体育场馆优先为校高水平运动队提供训练比赛场所，其他场地可以对外开放。

（4）体育场馆的安全、卫生维护，人人有责，应该培养学生的主人翁精神。

（5）在场馆内，只能进行体育教学和体育训练，避免大声喧哗而影响其他学生上课。

二、教室使用管理

现在普通高校的体育教室有比较明确的分类和不同用途，不同的体育运动项目有专用教室，而不同教室的管理有不同的侧重。为了全面保证高校体育教学的有效进行，需要分别制定不同的使用管理要求和规定。就目前常见的几种体育教室的管理，现总结如下。

（一）多媒体教室使用制度

多媒体教室一般来说并没有规划在体育教室之内，每个学校的多媒体教室都是全校共享的。但是，由于现在的体育教学中有很多时候会使用视频影像资料，因此，确实会比较多地使用多媒体教室，因此，有必要对体育师生提前明确使用规则。

（1）要提前申请，并明确使用时间、使用设备，以及是否需要特别的技术支持，经批准后才能使用。

（2）在使用多媒体教室的过程中，需要在教室管理员的指导下进行，体育教师和学生不能随意动用电教设备。

（3）教师需要提前和多媒体管理员进行沟通和测试，在正式上课前，要做好准备工作。

（4）多媒体教室在使用前和使用后，需及时对所使用设备进行查验，保证设备的正常使用，如有故障或损坏，也能及时发现。

（二）乒乓球室管理制度

乒乓球作为中国的国球，在我国的教学系统内普及率相当高。因此很多高校都有乒乓球馆或乒乓球教室，在管理时应注意以下几点。

（1）按照课时计划，师生准时进入乒乓球室并准时上课、准时下课，不能随意延误和拖堂。

（2）乒乓球台和网架上不许堆放、悬挂衣物、帽子等私人物品。

（3）不许坐或站在球台上，或在室内任意攀爬、打闹。

（4）必须按规定着装，为保护球馆的地面，不能穿非运动鞋入场。

（5）不许用手和球拍等硬物敲打球台。

（6）在乒乓球馆只能进行乒乓球的教学和训练，不能进行其他运动项目，否则会扰乱正常管理工作。

（三）健美操教室管理制度

和其他体育教室相比，健美操教室的特别之处在于，它一般都有整面墙的镜子，这是为了健美操教学的需要而设计的。

（1）健美操教室未经允许，不得挪为他用。

（2）进入健美操教室之前，必须换好鞋袜，不能穿其他鞋进入教室。

（3）进入健美操教室运动不许大声喧哗，以免影响其他人活动。

（4）不许破坏室内公共设施，不得带硬物进入健美操教室。

（5）请遵守体育馆开放时间，到时自觉离馆。

（四）健身教室管理制度

一些高校建立了健身教室，健身教室也是高校学生最喜欢的运动教室。因此，做好管理工作尤其重要。

（1）高校要视健身教室的面积和设备总量而限定使用人流，尽量保证让每个希望健身的同学都有同等的机会。

（2）要有教师或者管理员对学生的健身运动进行指导，以及必要的安全监督，保证学生的科学健身。

（3）健身房的设备要及时维护和保养，有些易损耗的配件要定期更换。

（4）学生要有意识自觉地爱惜健身器材，按要求正确使用健身器材，不得不当使用并造成损坏。

（5）避免随身携带尖锐物进入健身教室。

（6）避免随身携带贵重物品进入健身教室。

（7）遵守健身教室的开放时间。

（五）武术教室管理制度

为了传承传统文化，高校在体育教学中也设置了传统体育内容，因此，一些学校内也配备了武术教室。

（1）武术教室仅限于武术教学使用。

（2）严格按照时间上课、下课，不得随意更改使用时间。

（3）不能随身携带学具以外的任何其他物品。

（4）武术教室内的器材设备，必须由专人管理，同学要自觉爱护。

（5）进入教室前，要换好武术服装，不能穿不适合武术练习的服装和鞋上课。

三、体育器材的管理

体育教学器材种类繁多，大小、材质、用途不一，对环境的要求也不同，因此需要进行细致的分类，按需进行管理和维护。在高校，对体育教学器材的管理工作和对体育场馆、体育教室的管理工作一样，是一项非常烦琐的工作，需要相应的管理人员要有充分的责任心，以及足够的细心和耐心才能胜任。在管理过程中要实现制度化，同时也要人性化，对器材的管理，最终目的是为教师的教学以及学生的学习服务，是为了让体育课更高效、更有质量。因此，在管理工作中还要做到人性化管理。不能为了管理而管理，管理工作是为了服务教学，因此，要避免僵硬地执行制度。如果原有的制度存在不足之处，需要立即提出，经校领导以及体育教师、学生代表共同商讨，应立即做出修正和完善。

具体管理要求如下。

（一）合理的分类

根据器材的不同材质、形状以及使用的频率来进行细致的分类，例如，标枪、横竿、铅球、篮球、排球、足球等要上架，服装、小件器材要入柜，羽毛球拍、网球拍等要悬挂整齐。

通过合理分类，不仅可以使教学活动更有秩序，而且也有利于维护、保养、清洁等工作的实施。

（二）做好记录

根据教学规律，按时、按项目、按量把器材提供给任课教师，并做好器材外借的记录，包括借用人、借用时间、预计归还时间、所借器材的名称、种类、数量、接触时是否完好无损等，都要详细地做好记录。

另外，本校的教学器材，仅限于本校师生使用，不准带出校外，也不准学生之间私下交换，否则会给管理带来很多不必要的麻烦。

器材归还后，管理人员要仔细核对器材的数量，检查是否完整、完好，而后一次性地放回原处，不要随意堆放。

（三）保持清洁

因为高校的学生人数多，体育课程丰富，对器材的使用也相对频繁。因此，为了安全、卫生以及保护器材，应每日对使用过的器材进行保洁甚至杀菌处理。体育课上，一个班级几十名同学使用球拍、瑜伽垫、足球、网球等运动器材，学生们可能挥汗如雨，如果不及时清理，那么汗液中的酸性物质和碱性物质会对器材造成一定程度的腐蚀和损害。因此，所有的器材都要根据管理规定，卫生工作要每天一小扫，每周一中扫，每月一大扫。并且存放体育器材的仓库要有防潮、通风等措施，保证卫生工作要做到每个角落，减少细菌的传播，保证师生的身体健康。

（四）管理员在上课期间要坚守岗位

体育器材管理员不仅要认真管理好学校的每一件体育器材，同时还要保证每次课前的借用、课后的归还的顺利进行，另外很容易被忽略的一点是，在体育课的进行中，器材仓库至少要留一名管理员在场，以防课件出现什么临时情况，需要临时借用体育器材的情况发生。也就是说，在上课期间，器材管理员也应该坚守岗位，随时应对如天气变化、任课教师改变计划、器材损坏等突发事件，确保整个教学秩序正常、有序地进行。同时，工作人员应严格执行对不同材质和功能的体育器材的管理办法（表 8-1）。

表 8-1　体育器材的管理方法

体育器材		管理方法
金属设备管理		1. 金属活动器材如发令枪、高级跳高架、高级排球架、跨栏架、室内双杠等,在当天的使用后,第一件事就是及时做清洁和防锈的处理。有必要的时候也要做除菌处理,然后再妥善保管。 2. 金属固定器材,特别是室外金属固定器材,每两年要油漆一次,以保证金属器材不生锈,能长期使用。
电器设备管理		1. 防尘。电器不用时,要及时断电、入库或覆盖,以防止灰尘的侵入。 2. 防霉,防电路不畅。一般采取对闲置的电器设备每个月通电 30 分钟以上。 3. 防腐蚀。电器设备应该放置在干燥、无污染的地方,防止腐蚀;带干电池的电器设备在不用时,必须及时拆卸干电池,以防电池穿孔漏液,腐蚀损坏电器。
秒表的管理	电子秒表	1. 电子秒表在使用前,必须给每块表配上表带。表带的长度一定要使表挂在脖子上正好垂在肚脐的高度,以方便使用。 2. 电子表的电池要保持有电,千万不要为了节约电把电子表的电池卸下。 3. 使用秒表要把秒表挂在脖子上,严禁提在手上甩。 4. 熟悉表的功能和使用方法。 5. 电子秒表不宜暴露在阳光下,液晶显示屏惧怕阳光直射。 6. 秒表每天都要回收。 7. 节能操作。关闭闹钟功能和发声功能,使表处于静音状态;不用时把其他功能调到起始位置停止工作,调到时钟显示位置。 8. 防潮防霉。秒表闲置时,要及时处理和收藏。首先要搞好表外卫生,去除表带污垢和汗水,晾干,然后把表收到干燥、避光的容器里,放进仪器柜,摆在较高的位置。 9. 定期检查。检查电子表是否正常,是否受潮发霉。必要时拿出来进行短时间的晾晒,而后,立即收藏好。 10. 电子秒表价格昂贵,对使用人员素质要求高,一般情况下不可随意外借。在必须外借时,应该履行借用手续。
	机械秒表	1. 机械表有维修费用高、计时不准确的缺点。因此,较多使用电子秒表。 2. 机械秒表的使用除了与电子秒表有共同之处外,在使用上要注意使用前给秒表拧紧发条。一年送修表行校对一次快慢,三年洗一次油。 3. 机械秒表的保管与电子秒表不同的地方,是在收藏前必须让秒表走到发条松懈为止,严禁紧上发条长期存放。其他保管与电子秒表相同。

续表

体育器材	管理方法
球的管理	1. 篮球、排球、足球的气压在上课前全部要检查一遍，及时充好气。并做好使用记录。 2. 篮球：充气后，使球从 1.80 米的高度（从球的底部量起）落到硬质地面上，反弹起来的高度（从球的顶部量起）应该在 1.2 米至 1.4 米之间。 3. 排球：充气后，气压在 0.40 ~ 0.45 千克 / 平方厘米（392 ~ 441 毫巴），使球从 1.80 米的高度（从球的底部量起）落到硬质地面上，反弹起来的高度（从球的顶部量起）应该在 1.20 米和 1.30 米之间。 4. 足球：充气后，气压在 0.6 ~ 1.1 千克 / 平方厘米，使球从 1.80 米的高度（从球的底部量起）落到硬质地面上，反弹起来的高度（从球的顶部量起）应该在 1.10 米和 1.20 米之间。 5. 给球充气需要有经验的管理人员进行，可以在用电动充气机充气时观察电动充气机上的气压表，同时通过观看、挤压等方法控制充气量。球的气太少可以继续补充，球的气太多必须放掉，不然会缩短球的使用寿命。 6. 季节不同，球的充气也有所区别。夏季、初秋球内气体会膨胀，给球充气不能太多。有时还要适当放气，避免球内气体膨胀把球胀坏。 7. 给球打气把气针剪短，只留 2 ~ 3 毫米长，插入气嘴后，压住气嘴，利用气压的功能将气注入球体。这样的气针对气嘴没有什么损伤，但要注意压气嘴时力量要适中，不然会把气嘴顶入球胆。 8. 放气的气针应该是完整的，由于球的气嘴是橡胶材料做的，放气前一定要先将气针蘸点水，再插入气嘴，尽量减少气针对气嘴的损伤，避免气嘴过早漏气，延长球的使用寿命。 9. 为了减少气针对球嘴的摩擦，最好的办法是不要给球打气过多，尽量不使用气针放气。
被损坏的器材管理	回收的器材，及时检查和维护是必要的。特别要用心发现那些被损坏的器材，及时修理，使其保持正常的状态，以便下次使用。

四、专项场地的资源管理

（一）对塑胶跑道的管理

现在的高校基本上都有塑胶跑道，虽然塑胶跑道结实好保养，但对塑胶跑道的管理仍然是高校的基本工作内容，具体的要求如下。

（1）仅供体育教学、日常训练或学校的竞赛使用，不准机动车进入，以防滴油腐蚀胶面。

（2）禁止携带易爆、易燃和腐蚀性物品进入塑胶场地，禁止在场地内吸烟。发令枪要妥善保管，以免走火损坏场地，更不得穿刺、切割跑道。

（3）进入场地者必须穿运动鞋，女生不能穿高跟鞋进入，跑鞋鞋钉不得超过9毫米，跳鞋鞋钉不得超过12毫米。

（4）严禁在塑胶场地上使用杠铃、哑铃、铅球、铁饼、标枪等器材，以免剧烈的机械性冲击损坏跑道，或者破坏塑胶的弹性，使其减弱甚至变形。

（5）避免长时间的重压。一般来说，跑道的内侧第一、二条跑道使用较多，教师和学生应该适当提醒自己，每次使用或训练时，换着跑道进行，从点滴养成良好的习惯。

（6）保持跑道上的各种线和标志的清晰醒目，定期维护，模糊后要及时喷一层塑胶液，重新描画。要使跑道常用常新。

（7）做好日常的清洁工作，一旦出现严重的污迹，应及时处理。

（8）对于多雨地区的高校，应时常检查场地下水道是否畅通，发现问题及时处理。

（二）草坪管理

高校的体育教学，大多数运动都需要在草坪场地进行，比如足球、部分田赛项目等。草坪场地也需要悉心的呵护。使用草坪场地的时间要根据季节和草的生长情况来安排，具体使用时间应根据当地气候等方面的条件决定。高校师生必须严格遵守草坪场地的使用规定，注意场内卫生。

以下是对运动草坪场地的养护标准（表9–2）。

表8–2　运动场草坪养护一般标准

养护项目	目的	操作规程
修剪	保证运动顺利进行。	剪草留茬高度：夏季时留2 ~ 4厘米，冬季时留3.5 ~ 7.5厘米。剪草以在1天内剪完1遍为好，剪下来的草应立即清除，以免霉烂，损坏草坪。剪草之前要用1吨重碾子压一遍，以免杂物损伤剪刀。
喷水	保证运动顺利进行。	草坪要1个星期喷水1次。6月下旬 ~ 8月份，除雨天外，需每隔1 ~ 2天喷水1次。喷水的时间最好在下午6：00至晚间，或早晨9：00以前。入冬前要浇冬水1 ~ 2次。

续表

养护项目	目的	操作规程
校正紧密度	使草坪使用耐久、排水良好，促进草皮生长，使运动性能良好。	定期耙松表层。
防治枯草层	改进地表排水，促使草坪生长，预防病害。	耙地松土，旋转耙地，平衡 pH 值，保持养分适量
施追肥	在减少影响及过度压踩情况下保持草坪草强壮生长。	氮 20，磷 10，钾 10，追肥每亩 16.67 千克，必要时增施。最好是把化肥溶于水中喷洒在草坪上。一般每年施追肥 2 ~ 4 次。
找平(压平)	保持运动场表面在被霜打及修补小草块或营养繁殖后地表的平整性。	利用土壤不潮湿之际耙松表层并滚压。拉滚时须注意力量均匀。
修补措施	保持运动场表面的完整性，加速自然更新，防止杂草侵入。	新草坪与旧草坪之间留有 1．5 ~ 2 厘米的空隙，并填满泥土。要浇洒足量的水，略干后，用 1 千克重碾子压两遍，使草坪平伏、结实，利于草生根繁殖。修补小区及草皮后，需重新在播种地块追肥。
拔除杂草	清除与草坪竞争的阔叶杂草。	草苗长出地面 2 厘米之后，要拔除野草。开始 7 天拔一次，连续拔 4 ~ 6 次。视野草生长情况确定拔草时间和次数。也可以每年喷施若干次选择性除草剂。

（三）煤渣跑道管理

在经济条件不允许设立塑胶跑道的时期，比较常见的是煤渣跑道，它的优点是造价低，相对于硬地具有一定的吸力作用，对学生有一定的保护作用。因此，在一些经济较落后地区，仍然继续沿用煤渣跑道。

（1）禁止车辆行驶煤渣跑道。

（2）跑道表面要保持 30%左右的湿度，在比较干燥的地区应该定期做洒水处理，因为跑道的湿度影响跑道的硬度。

（3）第一条跑道使用次数最多，导致硬度过大，如果不及时处理，会对学生的身体造成一定的影响。因此，要及时地进行除灰和洒水处理。

（4）有条件的场地周围应种上树木，净化空气，防风尘，可以起到保护跑道的作用。

（五）游泳池的管理

（1）严格按照国家对游泳池水质、水温以及卫生的相应标准执行。

（2）游泳池在开放的时间内，一定要安排多名安全员巡查，保证学生学习和训练的安全。

（3）游泳池要配备一定容量的沐浴室、更衣室，并安排保洁随时清洁。包括对走廊、池边、卫生间的清扫、擦洗和消毒。

（4）在淋浴室通往游泳池走道中间应设强制通过式淋浴走廊及浸脚消毒池。其中池水含余氯量为 5 ～ 10 毫克 / 升，且 4 小时更换一次。在高峰期要每日清理浸脚池，其他时间段可以每周清理一次。

（5）安排专人管理相应的浮板、脚蹼等常用设备，并严格执行清洁和杀菌处理。

（六）滑冰场的管理

（1）冰场需要每月安排一次修整。

（2）做好冻冰和化冰工作，对相应的设备定期做好维护工作。

第二节　高校体育教学财力资源的管理

高校的体育经费直接决定着教学质量和教学内容的安排。如果使用不合理，随之会产生一系列的附加问题。在对体育经费进行管理时，首先应做全局统筹，尽量在现有的情况下，创造出最大的价值，并始终以节约为基本原则，制定科学、实事求是的管理目标、管理任务和管理方法。严格执行国家和学校的财务制度，规范个人和部门对经费的使用行为。

另外，除了经费的使用上要做到科学合理以外，高校还应该加强对体育经费的创收设计。通过开发现有资源，为学校创造更多的收益，这些收益最终还会反映到高校的体育教学上，从而形成了良性循环。

一、体育器材经费管理

除了体育场馆、游泳池、草坪、塑胶跑道等大笔的经费投入外，体育教学器材也是一笔庞大的开销。学校开设的体育课程越是丰富，那么器材的经费预算就相应提高，因此，在做体育经费管理时，要整体把握、全局着眼。不能只考虑了场地，却忽略了配套设施的建设。

体育器材一般可以分为大型、固定器材和小型、消耗类器材。一般，大型体育器材造价高，购置周期较长，不易损坏，小型器材成本相对较低，其中有一些是消耗类器材，需要定期、随时添置，因此，在管理中要注意这两种类型器材的不同管理方式。

（一）采购器材预算

1. 制定采购清单及预算

每年制定年度采购清单，并制定预算。当然这些数据需要平时的统计和整理，也要根据往年的历史数据，以及生源的变动、体育课程的设置、项目的调整等综合情况进行衡量。一般情况下，每年体育器材的消耗费用较为固定，而篮球、排球、足球、羽毛球、乒乓球项目等项目的器材消耗较大，另外还有瑜伽垫、棉垫、平衡板、发令枪、口哨等这些辅助器材需要随时补充，因此，这些需要综合往年的费用进行酌情增减。

2. 根据招生情况制定预算

学校的体育设备和器材的购置，是以服务教学为目的的，因此，主要参考因素就是学生的情况。比如，当年的招生是否有明显变化，或者对来年的招生计划有什么调整，尤其是对体育特长生、优秀运动员学生的生源配置情况的计划等，比如，如果学校想发展自身的体育长项，那么必然会在相应的运动项目上做较大的投入，划拨更多的预算。

3. 机动费用

就算做好了万全之策，也要准备一些机动费用的预算，以备不时之需。比如在校运动会期间，可能会临时需要增加一些必要的器材，或者为结合重大的活动，比如北京举行奥运会期间，学校会组织一些校内的体育活动激发学生的体育热情，会临时需要一笔预算置办相应的器材。

（二）采购行为规范

采购必须有专门的工作组负责，且有财务的严格监督。在采购过程中，要严格按照预算执行，并且保证采取器材的质量，杜绝灰色交易。应该尽量采取团购、订购会等这些可以拿到更好价格的方式。总之，对采购行为的管理，制定相应的监督制度，增加采购的透明度，使整个采购行为更加规范、合理，具体执行采购的人员要秉着清正廉洁、尽职尽责的原则。为了防止出现不当的采购行为，学校可以根据自身情况，相应地实行轮岗制。

（三）减耗增效

除了在采购时要做好预算管理、采购行为管理以外，还要做好器材的使用管理制度，规范器材的使用方法，做好对师生的培训，减少不必要的损坏和遗失，最终达到减少体育教学器材的开支的目的。

在高校公共体育器材管理过程中，为了将体育器材经费的利用效率提到最高，需要加强管理，提高体育器材的使用效率，尽量降低体育器材的成本。同时，同一器材如果连续使用，必然会造成损耗过快的现象，因此，应准备相对充裕的器材，让器材能够得到合理的"休息"，就可以延长使用期限。

二、体育教研经费管理

高校公共体育教研经费是保障高校体育教学活动稳健发展和持续提高的重要支撑，因此在管理上应该注意用科学的、现代的管理方法，让教研经费发挥出最大价值。

一般我们高校的体育科研经费包括以下三种。

（一）外出考察观摩学习费用

为了更好地教学，增强高校体育教师间的交流和学习，高校有相应的外出考察观摩学习的预算，这是教研经费管理的一个主要部分。以往，体育教师主要是以教委的教研大纲或上级的下发文件作为教学指导，然而，每个教师的个人理解都不可避免地存在一定偏差，每个教师